铭记

抗美援朝口述历史①

中共丹东市委宣传部 编

辽宁人民出版社　辽宁教育电子音像出版社

图书在版编目（ＣＩＰ）数据

　　铭记：抗美援朝口述历史 . 1 / 中共丹东市委宣传部
编 . — 沈阳：辽宁人民出版社：辽宁教育电子音像出版
社，2023.9
　　ISBN 978-7-205-10813-7

　　Ⅰ . ①铭… Ⅱ . ①中… Ⅲ . ①抗美援朝战争—史料
Ⅳ . ① E297.5

　　中国国家版本馆 CIP 数据核字（2023）第 135627 号

出版发行：辽宁人民出版社
　　　　　　地址：沈阳市和平区十一纬路 25 号　邮编：110003
　　　　　　电话：024-23284321（邮　购）　024-23284324（发行部）
　　　　　　传真：024-23284191（发行部）　024-23284304（办公室）
　　　　　　http://www.lnpph.com.cn
印　　　刷：辽宁新华印务有限公司
幅面尺寸：165mm×235mm
印　　张：13.25
字　　数：220千字
出版时间：2023年9月第1版
印刷时间：2023年9月第1次印刷
责任编辑：青　云　王　增　董　喃
装帧设计：留白文化
责任校对：郑　佳
书　　号：ISBN 978-7-205-10813-7

定　　价：68.00元

《铭记 —— 抗美援朝口述历史 1》编辑委员会

主　　任　张　睿

副 主 任　江宏立　秦志安　刘静媛

编　　委　周景全　周凤革　宫绍山

　　　　　李华芹　史春庆　孙丹秀　刘先宽

主　　编　江宏立

编　　辑　谢　虹　李思瑶

历史顾问　张校瑛　黄文科

创作人员　张　萍　门庆金　张　蕾　李　杰　谷　亮　董　萍

　　　　　全　权　丛志成　石其智　张　珂　王　见　关妮妮

　　　　　李亚默　毕晓亮　顾德岩　张乃千　曾　燕　耿　姝

设　　计　曲宝玉　东　宁　肖　明

资　　料　关小宇　刘淑楠

序

　　1950 年 10 月 19 日，由中华优秀儿女组成的中国人民志愿军，肩负着人民的重托、民族的期望，高举保卫和平、反抗侵略的正义旗帜，雄赳赳、气昂昂，跨过鸭绿江，发扬伟大的爱国主义精神和革命英雄主义精神，同朝鲜人民和军队一道，历经两年零 9 个月艰苦卓绝的浴血奋战，赢得了抗美援朝战争伟大胜利，抵御了帝国主义侵略扩张，捍卫了新中国安全，保卫了中国人民和平生活，稳定了朝鲜半岛局势，维护了亚洲和世界和平。波澜壮阔的抗美援朝战争，锻造了伟大的抗美援朝精神，即祖国和人民利益高于一切、为了祖国和民族的尊严而奋不顾身的爱国主义精神，英勇顽强、舍生忘死的革命英雄主义精神，不畏艰难困苦、始终保持高昂士气的革命乐观主义精神，为完成祖国和人民赋予的使命慷慨奉献自己一切的革命忠诚精神，为了人类和平与正义事业而奋斗的国际主义精神。挖掘整理抗美援朝历史，弘扬伟大抗美援朝精神，对于全面推进中华民族伟大复兴、捍卫世界和平稳定，具有重要的历史和现实意义。

　　在"抗美援朝出征地"丹东，奔流不息的鸭绿江诉说着"英雄城市"的沧桑巨变，也铭记着抗美援朝的战火硝烟。2019 年开始，中共丹东市委宣传部策划、组织丹东广播电视台、抗美援朝纪念馆和社会力量，以寻找"最可爱的人"、讲述"最可爱的人"、学习"最可爱的人"、争做新时代"最可爱的人"为主线，抢救性挖掘整理抗美援朝口述历史，在全国范围内采访健在的各兵种志愿军老战士和各行业支前英雄模范。健在者日渐稀少，年均近九旬，依然不忘当年战火纷飞的峥嵘岁月。他们是党和国家的宝贵财富，也是光荣历史的见证者。主创团队与时间赛跑，辗转 12 个省（区）、32 个市、80 多个县区，行程逾 20 万公里，采访志愿军老战士和各条战线支前模范 500 多人，编辑出版《铭记——抗美援朝口述历史》图书和摄制同名大型系列纪录片、音像制品。

　　《铭记——抗美援朝口述历史》一书具有题材的重大性、素材的珍贵性、内容的真实性和风格的贴近性。70 多位志愿军老战士以亲身经历，讲述中国共产党领导抗美援朝战争的光辉历程和宝贵经验，讲述抗美援朝战争的正义性质和伟大胜利，讲述中国人民志愿军的英雄事迹和革命精神，讲述中华民族同仇敌忾、众志成城的爱国情怀和不畏强暴、维护和平的坚定决心，讲述辽宁丹东"抗美援朝出征地""英雄的城市 英雄的人民"为抗美援朝战争胜利作出的巨大牺牲和特殊贡献，以及大力弘扬伟大的抗美援朝精神取得的辉煌成就，展示在宏大战争背景下"平凡英雄"保家卫国、团结一心夺取胜利的家国情怀，激励和动员全国人民高举中国特色社会主义伟大旗帜，为全面建设社会主义现代化国家、全面推进中华民族伟大复兴而团结奋斗。

读者还可以扫码观看《铭记》大型系列纪录片，倾听志愿军老战士真情讲述那段峥嵘岁月。该纪录片播出后社会反响热烈，多家中央和省级媒体予以转发并进行合作，入选 2021 年"弘扬社会主义核心价值观 共筑中国梦"主题优秀网络视听节目。

在此，谨向抗美援朝"最可爱的人"致以崇高的敬礼！向支持抗美援朝口述历史挖掘整理工作的各地区、各部门和志愿军老战士家属、广大志愿者表示真挚的感谢！

志愿军老战士为
《铭记》采访组题词

张翔长征路走过　热爱祖国热爱人民　甘洒一腔血　益沃志魂　庆祝建军九十　韩戊寅长

"铭记"做了十分有
意义的工作。把抗美援朝
的精神代代传下去。
　作为抗美援朝的老兵
也每不忘初心。做个合格
的老兵。

　　　　　　老兵士
　　　　　　严孝进

　　　2023.3.3于
　　　上海申园

"铭记"采访记者—张萍昨。
不辞辛劳，千里迢迢来访抗美援朝
老兵经历，传播红色基因。
　我们这些老兵在抗美援朝中怎
有一个信念"抗美援朝保家卫国"，
铸惕了这老兵历。

　　十二军抗美援朝老兵
　　　　　李发名稔
　　　2023.4.16杭质市

不忘初心牢记使命
铭记历史学英烈。
　　　　　[签名]
　　　　2020.12.8

铭记历史
不忘初心
李延年
2021年9月9日
南宁市

感谢丹东广播电台把我
和同志们共抗美援朝的决
心和斗争。
百岁老战士岁月
志愿军老战士
[签名]
2020.12.8.

心中有党
做事不慌
志愿军老战士
涂伯毅
2020年十二月三日

身残志坚
[签名]
2020.12.4.

目录

孙景坤

永葆革命本色的抗美援朝老英雄

英雄档案

  孙景坤，1924 年生于辽宁丹东。1948 年参军，1949 年加入中国共产党。在解放战争中，先后参加辽沈、平津和解放海南岛等战役，多次立功受奖。1950 年 10 月 19 日参加抗美援朝出国作战，任志愿军第四十军一一九师三五七团三营八连副排长。他先后 3 次渡江，英勇作战，多次负伤重返战场，荣获抗美援朝一级战士荣誉勋章。1955 年复员后，他深藏功名，回乡务农，带领乡亲们积极发展生产、改变家乡落后面貌。荣获"七一勋章"和"时代楷模"、全国道德模范等称号。

  1950 年 10 月 19 日，孙景坤跟随部队趁着夜色悄悄渡过鸭绿江。1950 年 10 月 25 日，志愿军第四十军在利洞、两水洞地区与北进的南朝鲜军队交战。按照战斗部署，一一九师向云山方向机动，策应兄弟部队歼灭敌军。当天下午，一一九师在诸仁上洞以东地区担任警戒，阻击南逃北援之敌，配合第四十军一二〇师、一一八师攻占温井。在第二次战役守备龙水洞战斗中，孙景坤胳膊、腿部受重伤，被送回丹东治疗。伤还没好利索，他就申请归队、奔赴前线。尽管与亲人近在咫尺，却没有回家看一眼。

  1952 年 10 月 27 日，上甘岭激战犹酣，孙景坤接到了增援 161 高地的命令。当时，161 高地已三面处于敌人的火力控制之下，增援十分困难。

  孙景坤口述：

  上级就告诉我，你带领这 9 个人扛多少手榴弹、扛多少子弹。我就想那么多人上去结果都没上去，今天中午我能上去吗？不管怎么地，在部队你不能讲价钱，我就答应了。

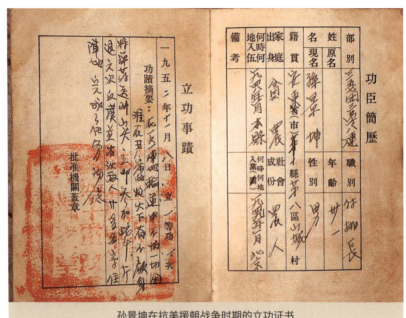

孙景坤在抗美援朝战争时期的立功证书

战斗经验丰富的孙景坤几经观察，发现敌机轰炸后，会有弥散着的烟雾可以利用，间隔虽短，但快速穿插，还会有机会冲上去。

孙景坤口述：

我们一出发就看飞机来了，来了就贴地放雾，烟多得一点也看不见，瞅准机会就赶紧往上冲，就这么地上去了。上去以后，开始没看见人。有一个姓刘的报话员，我也不认识他，浑身都是血。他认识我，说："老孙你上来了！"那里还有一个姓支的，是副连长，他在东头，我过去了。他说："哎呀，老孙你来了，你看这根爆破棍。"爆破棍好像那个铁棍管，二寸铁

棍那么个粗细，里头装的炸药，他说："我就准备这个，要是敌人上来以后，俺就一块儿同归于尽。"

敌人疯狂进攻，孙景坤立即组织防御，自己带头歼灭敌人。

孙景坤口述：

我打了一百五六十发吧，离我一米多远的地方就崩死敌人二十多个。上来抢战壕的时候，我就把尸体抬过来，摆在我周围，摆一片。飞机有时间去了，贴地下飞，一看有这么多美军，它也不再打炮，它也不轰炸了。

从中午一直坚守到半夜，孙景坤带领战友打退了敌人 6 次进攻。

孙景坤口述：

后来和我一块儿下来就剩下 4 个人了，副连长走到半道儿让飞机炸弹把腿炸断了，一个姓周的战士把他背下来了。

孙景坤在这次战斗中表现英勇，击毙敌人 21 人，荣立一等功。从军多年，孙景坤身上留下了 20 多处伤疤，每一道伤疤都是一枚军功章，都是一段战争岁月的珍贵记忆。

孙景坤口述：

1953 年 7 月份，归国代表团上北京去作报告，毛主席接见过我。

1955 年，孙景坤复员，他放弃了城里的工作，回到家乡元宝区金山镇山城村务农。几十年里，他始终深藏功名，从不提自己的赫赫战功，也从不向组织提要求。

孙景坤口述：

我回来以后，正好赶上 1956 年合作化，我说我是党员，我就在农村合作化社了，就没找工作。回来以后，政府都给没上班的盖房子，我没要求盖房子。我说我有房子住，先住着吧，没要求盖。

"我是党员"，就凭着这个信念，孙景坤带领乡亲们前山栽松树，后山种板栗，积极发展生产。因地制宜，挖淤泥、造台田，台田上种玉米，台田下种水稻，使当年的烂泥滩变成了米粮川。

2020 年 9 月，中共丹东市委决定，在全市开展向孙景坤同志学习活动。学习他对党忠诚、坚守初心的政治品格，学习他英勇善战、不畏牺牲的战斗精神，学习他深藏功名、甘于奉献的精神品质，学习他甘于清贫、艰苦奋斗的高尚情操。

2020 年 10 月，"永葆革命本色的抗美援朝老英雄"孙景坤被中宣部授予"时代楷模"荣誉称号；2021 年 6 月，被中共中央授予"七一勋章"；2021 年 11 月，被中宣部、中央文明办授予第八届全国道德模范荣誉称号。

2023 年 1 月 7 日，孙景坤老英雄因病逝世，享年 98 岁。

蒋文

截肢无麻药 独臂老英雄

英雄档案

　　蒋文，1919年12月生于辽宁省北票市三宝营乡陈奎营子村。1947年12月，加入东北人民解放军独立三十一团担任救护兵，参加辽沈战役。1949年4月，加入中国共产党。1950年10月，作为志愿军第四十二军一二五师救护营班长抗美援朝出国作战，参加第一至三次战役，在战斗中失去右臂。

　　2020年6月，《铭记》摄制组来到辽宁省锦州市义县西南街胡同一间普通的平房，时年102岁的抗美援朝独臂老英雄蒋文就生活在这里。谈起70年前的那场战争，百岁老人依然记忆犹新。

　　蒋文口述：

　　1950年10月，我从丹东那块儿过去的，有个浮桥，过去就打仗。白天敌人有飞机大炮，咱们打仗就得在黑天，黑天咱开始进攻，这么穿插，摸到跟前去的时候，他大炮也没有用了，飞机也没有用，整到敌人跟前就打近战。

　　咱们对敌人采取拦阻、口袋战术，把他们围在里头，他们要是扔炸弹，里面有

他们还有咱们，谁有能耐谁打谁。那一回大伙儿就包围消灭敌人将近4万多，第二次战役打得最好了。

　　1950年12月，志愿军发起了第三次战役，经过七昼夜的连续进攻，挺进百公里，前出"三七线"，歼敌19000余人，粉碎了美国政府"先停火、后谈判"、争取喘息时间卷土重来的阴谋。然而，就在这次战役中，蒋文失去了右臂。

蒋文口述：

他是营长，他负伤了，我们抬着，他的警卫员在头前带道，不小心踩地雷了，一下子崩到我们 3 个，当时警卫员就牺牲了，连他的枪都没找着，我这个胳膊就那么没的。

要是在国内，当时把炮弹皮拿出来就没事儿了，我崩的是右胳膊，当时没拿出来，下面就干巴了，上面就肿了，后来就得了破伤风，也不知道，就晕死过去了。

那时候麻药根本不够用，和很多人相比，我这还属于轻伤。没有麻药，做手术的医生就拿布把我眼睛蒙上了，蒙完以后让你数数，分散我的注意力。医生用做木工的钢锯锯我胳膊，给我右胳膊截肢，我疼得直接晕过去了，后来啥也不知道了。

尽管自己受伤，但老英雄更为那些牺牲的战友伤怀。

蒋文口述：

咱们东北人还抗冻点儿，可是关里来的人，九兵团来的，那可怜啊，没打仗就冻死了，在长津湖都冻僵了。

我们九班长、二排长都死了，我是七班长，现在回来的能有几个？战争是残酷的，没有不伤人的，但是敌人再打，我豁上命不要也还要打。

战后，蒋文积极学习，从一个不识字的文盲逐渐到能写讲话稿了，还学会了用左手写字。经历过战争和磨难，蒋文坚强、谦让、乐观。他亲近自然，自己种黄瓜、葡萄，每天坚持锻炼身体，还能唱 100 多首革命歌曲。

蒋文口述：

我没有家，我 15 岁丧母，18 岁丧父，参加抗美援朝以后，我回来成的家。像我活这么大岁数，是共产党对我的照顾好，是共产党帮我成的家。

要记住，今天的幸福生活，是艰苦奋斗得来的，来得不容易啊！

当我们和老英雄告别的时候，蒋文庄重地举起左手敬了一个军礼。这特殊的敬礼，不仅被定格在镜头中，也深深地铭记在我们心里。

2021 年 6 月 10 日，蒋文老英雄去世，享年 103 岁。

梁瑞林

歼灭英军王牌"皇家重坦克营"

英雄档案

梁瑞林，1930年6月生于辽宁黑山。1948年2月参军，1950年6月加入中国共产党。1950年12月24日，随志愿军第五十军抗美援朝出国作战，担任一五〇师四五〇团军务参谋。在第三次战役高阳战斗中，步兵打坦克，参与歼灭英军王牌部队"皇家重坦克营"。

入朝当晚，部队就接到截击英军二十九旅的任务，但由于敌人是机械化部队，行军速度快，几次都没追上。终于在第三次战役中，截住了敌人殿后的英军二十九旅，包括直属皇家重坦克营。

梁瑞林口述：

这时候我们没有什么反坦克武器，就是一个是炸药包，一个是爆破筒，再就是几个手榴弹捆绑在一起，用这个东西反坦克。第一辆坦克过来以后，我们的战士拿的是爆破筒。爆破筒扔到那个道路中间以后，导火索太长了，坦克过去了四五米以后它才爆炸，没炸着。以后，我们四四六团二营的首长就提出，"不行，一定要把导火索搞短，扔过去，马上就得爆炸。"

第二辆坦克过来以后，我们的战士上去以后，有个叫李光禄的战士，看见敌人来了以后，导火索弄得很短，上去以后就把它放在道路中间了，坦克一走正好爆炸了。李光禄这个人，非常的机警，他把炸药包放下以后，马上就滚到沟下了，他基本上是震昏了，但是没有大的伤害。

战斗在一条狭窄的公路上展开，前面的坦克被炸毁了，堵在道路上，后面的坦克只能逃向旁边的稻田地。

梁瑞林口述：

就在稻田地里头，坦克还在里边射击，往外头，有的坦克已经被炸了，有些还没有炸，这就是打到一块儿了，又是夜间。打到八九点钟，美国飞机他也不能支援了，即便是他来了的话，底下都在近距离的胶着状态，他也没招儿了。敌人又想跑，跑又跑不了，我们就是一辆一辆坦克那么炸。

志愿军提出"炸毁一辆坦克立大功"，组织反坦克小组，多路出击，以集束手榴弹、炸药包、爆破筒，展开爆破战斗。

梁瑞林口述：

四五〇团有一个战士，战斗英雄，他叫王长贵，他是班长，在我们五十军参加西南战役的时候，他立过大功。1950年春节，全国英模大会的时候，他见过毛主席，见过朱总司令。所以首长给的他任务，"王长贵，你要带头消灭英国的坦克"。他特别勇敢，带着他班里的7个人，一下灭了3辆坦克。

但志愿军毕竟是用步兵轻武器对抗"百夫长"式重型坦克，也付出了伤亡代价。

梁瑞林口述：

王长贵消灭最后那个坦克的时候，英国的一个军官，从坦克里出来，照着他打

了一枪，正好在要害部位，王长贵牺牲了。那是五十军很出名的战斗英雄，全军就展开向他学习的活动。以后呢，王长贵，遗体运回国内了，安葬在丹东。

有这么一辆坦克，能喷出非常浓烈的火焰，我们有几个战士牺牲了。除了被坦克上的机枪打中牺牲之外，这个火焰喷射器，也使我们几个战士牺牲了。但是这辆坦克也没有逃出被我们消灭的厄运，也给它炸了。

英军坦克天黑不敢开灯，只能盲目射击，最后连指挥官也成了志愿军的俘虏。

梁瑞林口述：

后来又有那么一辆坦克，从路上过来了，看那个坦克顶上，带着一些天线，这是指挥坦克。我们的战士把这个坦克又给围上了，围上了，就让他投降，他不投降。我们战士上顶上，刚一上去，一敲打，里头盖子打开了，出来3个人，有一个人装束不一样，实际上是这个坦克营的营长。他出来以后，又跳出一条狗，这条狗在战场上也吓得够呛，出来哆哆嗦嗦的，吓得够呛。当时部队分析，这个英国人真是老爷作风，出来打仗还带着一条狗。

最后，志愿军全歼英步兵二十九旅皇家奥斯特来复枪团一营及第八骑兵团直属重坦克营，这是迄今为止中国军队歼灭的

最大建制的敌军坦克部队。

汉江南岸阻击战，一五○师四五○团七连在扬智里顽强地抗击敌人进攻。在10余天的战斗中，打退敌人几十次进攻。

梁瑞林口述：

最讨厌的是凝固汽油弹，那个东西爆炸时的局部火苗是黄色的，一坨一坨的火苗像仙女散花飞到半空，由黄变绿、变白，绿白色的，就像一把大伞罩在头上，和放礼花一样好看。但好看不好受，凝固汽油弹以高温火焰杀伤有生力量和烧毁装备物资，燃烧时产生1000℃的高温。爆炸时，凝固汽油溅开面积大，杀伤半径达200多米，黏附性强，燃烧时间长，对阵地威胁特别大。

战斗十分惨烈，志愿军仅连级干部就伤亡7人，最后由炊事班副班长孟宪才代替连长指挥战斗，守住了阵地。

梁瑞林口述：

美国兵以为我们的阵地上没有人了，他就摸上来了。我们七连的战士特别沉着、勇敢，没有动静。等到美国兵到了不远的地方，机枪、步枪一起向美国人开火，打死了一些。敌人一看我们打得勇敢，就吓跑了，扔下尸体，扔下装备，逃跑了，我们这时候就下去捡拾枪支弹药。

1951年7月，第五十军第二次出国作战，驻守西海岸。一四八师、一五○师先后攻克大、小和岛和艾岛，歼敌400余人，拔掉了威胁志愿军的"毒瘤"。

梁瑞林口述：

在没有坑道和坚固野战工事作依托的情况下，坚守50个昼夜，进行了顽强的阻击，完成了防御任务。当今天我们回忆这段历史时，许多当年的指战员已经离开了人世，但他们的功绩永存，精神永在。

梁瑞林与朝鲜儿童

杨柏林
光脚战场送物资

英雄档案

　　杨柏林，1930年9月生于辽宁省丹东市凤城。1946年2月入伍，参加了四保临江、辽沈、河南剿匪等战役。1950年10月随志愿军第四十二军抗美援朝出国作战，历经5次战役、大小百余次战斗，荣立一等功、二等功各1次。

　　在三所里战斗中，杨柏林接到命令：立即为180里之外的部队运送急需的枪支弹药。

杨柏林口述：

　　说是180里地远，得赶到，部队等着弹药使，我说"那到不了啊"，他说"到不了也得到"。就这样，挑了几个好牲口、好马、好赶车的就往下运。后边还有一个副排长，我就告诉他："你在后边，车上去多少就算多少，后边车翻了也好，飞机打死也好，怎么的也好，你就别管，咱们弹药运上去多少算多少。"鸡叫了以后到了，枪支弹药赶着卸。我们第四十二军部队赶着卸赶着扛，就往前线上，就等着使。

　　有一次，当辎重连经过一座桥梁时，遭遇美军飞机轰炸。杨柏林不顾防空枪的警示，率先跳入齐腰深的冰水中抢救物资。当他捞出水中的全部物资后，双腿已经失去知觉，被冰水浸透的棉裤和双腿粘在了一起，根本无法迈步。

杨柏林口述：

　　后来两个中队把我架到老百姓家，鸡都快叫了，把我卷着，热炕头让给我烙。我衣裳都冻得梆梆，不能坐车，就得走。现在这膝盖还疼呢，站起来不大敢走，被冰水拔的。

又有一次，运送战备物资过清川江，桥梁已被敌机炸断，战士们临时搭起一座仅够一人通过的木板桥，硬是用肩挑背扛的办法，冒着随时有可能失足掉入江中的危险，一夜之间将所有的物资运送过江。

杨柏林口述：

那就豁上了，那就不知死。战争的时候，俺们一天脑袋在裤腰带上别着，哪天掉哪天算。

杨柏林和战友们也逐渐摸索出一些和敌机"捉迷藏"的办法。

杨柏林口述：

怎么找地方隐蔽呢？不是有那个水洞子嘛，冬天洞里干了，飞机来了，我们就拱进去，飞机过去就退回来，退回来就这么眯眯眼，不等眯着飞机又来了，再这么拱进去……都那样隐蔽。

1952 年春，杨柏林和战士们由于十

几天没有吃盐，加上营养不良，得了视盲症。他们想尽各种办法苦境求生、坚持战斗。

杨柏林口述：

过小河道，看不着，通讯员挽着我走。生活在那个树林子里，做饭都没有地方做，那个汽油桶一切两半做那个马槽子，牲口喂完了，把那个马槽子收拾收拾做点粥喝。

杨柏林身材魁梧，年轻时身高 1.88 米，穿 48 码的鞋。但在那个物资匮乏的战争年代，极少有 48 码这样的大号鞋。很难想象从军 8 年，杨柏林是如何穿着挤脚的鞋子甚至是光着脚行军打仗的。

杨柏林口述：

鞋穿不上就光脚呗，有的路段石子儿多，一脚踩不到石头就是神仙了。有时鞋小穿不上，我就趿拉着鞋走，或者鞋子破旧之前，鞋前剪个窟窿。领到新鞋一般舍不得先把鞋前剪出窟窿眼，因为这样鞋子容易坏，先趿拉着或者脚趾勾起来凑合穿一段，然后才能舍得鞋前弄个窟窿。偶尔老百姓给做的鞋里也有较大的，遇到较大的比较合脚的鞋时，平常舍不得穿，要么留着执行任务或打仗时穿，要么就留着冬天穿。打仗近 8 年，经常穿小鞋，自己的双脚已经挤变形了。

张恒志
血肉之躯接电线

　　1950年11月，云山战役打响。炮兵一师抓住有利战机，向敌军阵地发起猛烈炮击。

张恒志口述：

　　咱们的炮都是解放战争缴获的，型号不一样，口径小，威力不足，都是靠肩扛手抬，还有用牛马骡子驮着。但咱们提前侦察好敌人的炮兵阵地位置，集中40门大炮，在敌人还没发觉的时候，先发制人，摧毁了敌人的炮兵阵地。

　　这次战斗战果丰硕，毙伤俘敌2000余人，缴获坦克、火炮和大批军用物资，是志愿军与美军第一次较量取得的胜利，打击了敌人的嚣张气焰，坚定了志愿军战胜强敌的信心。

张恒志口述：

　　美国兵也就这个样，不抗打。他们要是听到枪声，就害怕，不走了。他们只能在白天打仗，晚上就不敢出来了。

　　上甘岭战役打响，炮兵集结就位，等待前线指挥所电话通知炮击方位。可就在这个关键时刻，电话线被敌军的炮火炸断了。

张恒志口述：

　　这个时间就是电话不通了，前面步兵

和炮兵就联系不上。上甘岭战斗是比较艰苦，都是在防空洞里，炮兵想开炮也开不了，你要开炮得有目标有位置。

紧要关头，年仅 20 岁的张恒志临危受命，冒着猛烈的炮火冲了出去，巡查线路、排除故障。巡线途中，他的腿部两处负伤，忍着剧烈的疼痛，他一路向前巡视了 4 公里。

张恒志口述：

将着电线线路走，结果就到那儿，看到电线断了，这个断了怎么办呢？当时，我们也没有余富线，营部也没有余富线，我就看到那地下有多长呢，有一米多远了，一米多长两头够不上。

关键时刻，身负重伤的张恒志来不及多想，用手分别抓起两头断线，用自己的身体导电接通了线路。

张恒志口述：

那个电话是老式摇的，摇了能通啊，要不通了也不知道啊。我这一捏，就觉得手麻了。

电流通过身体时，张恒志的手心顿感火烧火燎，在阵阵电击中，他的头越来越晕，意识也逐渐模糊，可即使如此，他也没有松开紧紧攥着电线的双手。

就这样，为前方指挥所赢得了宝贵的时间。坑道中的炮兵部队，获得了准确的炮击方位。猛烈的炮火，向敌人的阵地砸去。

张恒志口述：

我捏着有八九分钟吧，一听开炮了，炮兵步兵已经通话了，我的任务就完成了。

此时的张恒志身体已经极为虚弱，慢慢躺倒在地。远处跑来两个带着电话线的战士，赶到张恒志身边，含着眼泪帮他松开了紧握在手中的电话线。

张恒志口述：

当时咱们武器不行，咱们人的脑袋好使，打仗咱们是有经验、有计划的，在抗美援朝战争中，中国人民志愿军那是勇敢直前，无畏敌人，取得了一个个的胜利。

张积慧
空战击毙美军王牌飞行员

英雄档案

张积慧，1927 出生，山东省荣成县人。1945 年参加八路军并加入中国共产党，1951 年入朝作战，任志愿军空军第四师十二团三大队飞行大队长、副团长、团长，在空战中击毙美国空军王牌飞行员。先后荣立特等功 1 次，一等功 2 次，二等功 1 次，荣获一级战斗英雄称号和一级自由独立勋章。

1950 年 12 月，志愿军空军第四师进驻丹东，进行实战锻炼。

张积慧口述：

当时的情况就是，咱们的空军飞行部队，都是驻在鸭绿江这边，那时候美国轰炸得厉害，咱们在那边待不住，机场就是在咱们这边。一个是安东（今丹东）机场，还有大东沟机场，还有大孤山机场，都是前线这几个机场。过了江去打，飞得也不能太远了，多数时候到清川江，向清川江南边一点。再不能多了，多了油不够。要是不带副油箱，也就是不到一个小时，看你的油门大小，要是带副油箱能多一些。除了下大雨，天气不好，差不多天天起飞，有时候两三回。

张积慧是老东北航校一期乙班毕业的飞行员，飞螺旋桨飞机有几百个小时，可飞喷气式还是新手。

张积慧口述：

喷气式飞机，开始作战的时候，我记得就是飞了米格-15，也就是飞了 10 多个小时。那时候那个心情是这样的：美国就是他在军事上是强国，但是在我们思想上，一点儿不害怕，就是一个冲锋陷阵打敌人。那时候教育也是这样，中国也没惹他，朝鲜也没惹他，他轰炸朝鲜，鸭绿江那个主要江桥都炸了。

1952年2月10日上午，美军数批轰炸机在战斗机的掩护下，轰炸军隅里附近的铁路线。空军第四师2个团、34架米格-15战斗机起飞迎敌。前进中，张积慧发现远方上空有一道道白烟，表明美机正在逼近。张积慧和僚机单子玉投掉副油箱，爬高占位，准备攻击，却也脱离了编队。

突然，张积慧发现右后方云层间隙中，8架美军的F-86战斗机正朝他们飞来，为首的2架已经猛扑到他们飞机的尾后。张积慧猛地右转爬升，顺势咬住了美机的长机。第一次开炮未中，张积慧紧追到600米的距离，第二次开炮，三炮齐发，敌机坠毁了。事后，空联司确认：张积慧击毙的是美国空军王牌飞行员戴维斯。

张积慧口述：

打下了戴维斯，死了，那一查就知道了。在什么地方我还记得，在朝鲜安州到泰川这之间。

紧接着，张积慧迅速拉起，攻击另一架敌机，在400米距离瞄准射击，一次开炮就把敌机打得凌空解体。此后，张积慧被其他敌机击落，跳伞成功，但僚机单子玉不幸牺牲。

张积慧口述：

单子玉的家乡就是丹东，我记得他就是丹东人。就是他做我的僚机，掩护我。战友牺牲了，从心里说，心情难过，朝夕相处的。

张积慧在空战中击落了两架敌机，被授予一级战斗英雄，荣立特等功1次。这也是志愿军空军第一次击毙美军王牌飞行员，沉重打击了美国空军的士气。从此，美军飞机被迫退到平壤以南活动，完全掌握制空权的局面被打破。

郑起

冲锋号响慑敌胆

英雄档案

郑起，1932年1月出生，黑龙江省海伦县人，1946年7月参加革命，同年加入中国共产党。1950年10月参加抗美援朝出国作战，时任志愿军第三十九军一一六师三四七团七连司号员。在釜谷里战斗中，他代替连长指挥战斗，吹响冲锋号吓退敌军，坚守住阵地，被授予二级战斗英雄称号，荣记特等功1次。

郑起14岁参军入伍，成为一名小号手。他的军旅生涯就从这嘹亮的号声中开始，从解放战争一直吹到抗美援朝战场上，出国作战时他19岁。

郑起口述：

朝鲜战场上营长要求我："你郑起啊，一定要在出国作战的战斗当中，打出名堂来！号声就是命令，命令就是我们全军战斗的主要方向。"打仗当中主要是吹冲锋号，冲锋号就是我们每一个战士，接受了营长、连长的战斗命令，"嘀嘀嗒嘀嘀，嘀嘀嗒嘀嘀"，这是冲锋号。

釜谷里是通往汉城（今首尔）的一个重要战略据点，只要攻占了这里，就等于打开了韩国首都的大门。1951年1月3日拂晓，釜谷里战斗打响了。

郑起口述：

英军打的榴弹炮和迫击炮，都一个挨着一个，打到我们山头上来，战士没有地方隐蔽啊，战士没地方趴啊，我们好多战士就牺牲在敌人的炮弹跟前。

当时敌人扔的手榴弹都是48瓣的，一爆炸的话，整个48瓣到处飞，所以我们的伤亡比较大。全连180多人，有的牺牲了，有的负伤了。

特别是连长厉凤堂负重伤，气都喘不上来了，他是打到肺部，所以我到那儿看他，我都掉眼泪啊，在那儿都哭了，特别难受。连长把手枪交给我说："郑起啊，一定要把全连的任务完成。"我说："连长你放心吧，我们一定要守住山头，一定要把敌人打下去。"

在激烈的战斗中，七连指导员、副连长和几位班长全部壮烈牺牲，连长也身负重伤无法指挥，郑起临阵受命。

郑起口述：

我就喊："同志们，我们钢铁连从来没打过败仗，一定要守住山头，我们一定要坚持到天黑，打到天黑我们就是胜利，我们要用生命换得今天的胜利！"

弹药确实是不多了，所剩无几了，当时我就想办法，到山下去捡捡弹药吧，弹药越来越少了，扔一个就少一个，要是没有弹药不就完了吗？话又说回来了，我们志愿军的战士，一切东西都不怕，不怕死不怕累。最后，我下山去捡弹药，跑到半山腰的时候，被敌人机关枪打得不能前进了。没办法，我就从敌人的死尸里面爬，爬到山头之后，我就喊："有手榴弹了，我捡到子弹了。"

在这种情况下，我在山底捡了一些手榴弹，还找了两根爆破筒子，我向全连的同志喊："你们要把爆破筒拉着，一起往外扔，包括手榴弹一起往外打。"所以大家都非常受鼓舞。

我郑起，也同样在心里想，这次战斗必须要打到最后，剩下几个人我们也要战斗到最后，完成党交给我们的任务，因为我们是共产党员，不能马虎。

一天一夜过去了，阵地上只剩下 7 名勇士，而敌人又发起了新一轮进攻。眼看阵地就要失守，郑起急中生智，果断地吹响了冲锋号。

郑起口述：

整个山头都是死尸，我们的战士也牺牲了，英国鬼子也是横躺竖卧的，我一看这英国鬼子还是往上上，不好办。我就招呼李家福，我说："李家福赶快用机关枪向敌人射击，不让敌人上来。"就在这种情况下，我就吹响了一个冲锋号。我说："我要吹号了。"全连的同志听我这一吹号，"嘀嘀嗒嘀嘀，嘀嘀嗒嘀嘀"的冲锋号一响，英国鬼子都已经开始往山下跑。

吹号的那个时候，是真急眼了，人急的时候能看出来。那个时候主要想啥呢？就想用冲锋号吓退敌人，就那么想的，所以连长叫你郑起代理连长，这对我来讲是一个很大的鼓励了。

当我吹完冲锋号，整个山头，大伙就都喊起来了，说："同志们，冲啊！坚持就是胜利，完成任务，保持我们钢铁连的荣誉！"还把钢铁连当成鼓舞我们大家的一个口号，我能够在最后把号吹响，我能够使大家知道我们钢铁连还存在。

冲锋号震慑敌胆，战场形势陡转，敌人被彻底击溃，志愿军出奇制胜。郑起因此荣立特等功，获二级英雄称号，后来还受到毛泽东主席的接见。

郑起口述：

毛主席对我特别热情，我郑起才 19 岁的一个小孩，到他家去，给他的工作人员作报告。毛主席对我说，今天的饭给你做的红烧肉，你得吃，但有一个问题啊，凉了。你讲话时间太长了，你给他们作报告时间太长了，讲釜谷里战斗，我叫炊事员给你热一热，完了你再吃啊。

美国陆军上将、第二任"联合国军"司令李奇微在《朝鲜战争回忆录》里，这样描述志愿军的军号："这是一种铜制的乐器，能发出一种特别刺耳

的声音。在战场上，它仿佛是非洲的女巫，只要它一响起，中共军队就如着了魔法一般，全部不要命地扑向联军。每当这时，联军总被打得如潮水般溃退。这是一种中国式的精神战，这种精神战我们后来既熟悉，又头疼。"

如今，郑起的军号，已成为志愿军英勇、机智、顽强的精神见证，每次重温这场经典战例，仿佛又听到那嘹亮的号声在耳边回响，激励着一代又一代人去夺取新的胜利。

郑起口述：

1946 年 7 月我就开始背着这个冲锋号，一直背回来，停战了，我这个号也有特殊的意义。军事博物馆能把我的军号作为文物珍藏展览，我也感到挺骄傲的，因为解放军这个冲锋号能够吓退敌人。

吕品
白云山团旗血染红

英雄档案

　　吕品，1924年5月生于江苏省苏州市。1939年参军，同年9月加入中国共产党，参加过抗日战争、解放战争。1950年10月27日抗美援朝出国作战，作为志愿军第五十军一四九师四四七团副政委参加了著名的白云山阻击战，四四七团被志愿军总部授予"白云山团"荣誉称号。在抗美援朝战争众多参战部队里，享此殊荣的团级单位仅此一个。吕品荣获抗美援朝和平万岁纪念章、抗美援朝纪念章、抗美援朝二级自由独立勋章、抗美援朝三级国旗勋章。

　　白云山位于汉江南岸，海拔560.1米，与周边的光教山和兄弟峰互为屏障，可以控制从水原通往汉城的交通，是兵家必争之地。四四七团在宽9公里、南北纵深6公里的阵地展开防御，阻击敌人反扑。

　　吕品口述：

　　当时，白云山是主阵地，为了保障主阵地安全，光教山、兄弟峰以及白云山西北的白云寺都是白云山的屏障。除此之外还有在兄弟峰的周边靠公路边上有一个非常重要的地点，叫作东远里，由七连一个

排长带领一个班在东远里附近维护这个白云山阵地。在兄弟峰的前面还有一个海拔261米的高地，那个地方也是一个防守的点，由九连的一个副连长带着一个排在那个地方进行防守，这样一个布局。就像那首歌一样："高高的白云山，耸立在朝鲜汉江南，侵略者要从这里进犯，我们英雄叫他停止在山前。"那就必须是寸土都不能丢。

　　1951年1月，白云山阻击战打响了。25日，美军第二十五师进占水原。四四七

团派出小分队，夜袭水原城侦察敌情。

吕品口述：

在1月25号我们团里就部署了三营的副营长戴汝吉带领一支侦察部队去摸清敌人的情况。这个部队开始还比较隐蔽，没有被敌人发觉，但是到了水原城北门，被敌人发觉了。敌人就开起火来，把我们的部队大部分阻击在北门外面。副营长戴汝吉领了不多的部队，通过了北门，钻到了水原城的城里去，连他只有18个人。

他们钻到了水原城的一个十字路口，那地方有一栋楼，楼里面灯火辉煌，鬼子在那叽里呱啦地吵吵嚷嚷，还听到了发报机嘀嘀嗒嗒的声音。这18个人就进到这栋楼里去了，结果是把敌人的一个宪兵排全部消灭了，烧坏了若干辆的汽车装备，抓了一个俘虏。俘虏带回来我还审问了他，他们是先头的部队，先占领水原城，主力部队还在后边，目标是要恢复汉城。

1月27日，敌人开始向四四七团发起进攻，首选的地方就是东远里。

吕品口述：

早晨就来了敌人的飞机，东远里这个地方有一片松林，我们这个班都布置在这个松林的有利地方，敌人一阵狂轰滥炸，几乎把那一片松林都给烧没了。在这个战斗过程中，我们陆续有战士牺牲了，先是战士后是班长，最后就剩下排长，叫韩家桢。就在这个时候，韩家桢又负了重伤，有一个战士在他身边，这个战士叫高喜有，就剩他两个人。这个排长在负了重伤之后，还向高喜有交代："你就是一个人也要守住东远里。"高喜有说："排长你放心，有我在，阵地就在。"这个排长牺牲了，就这个高喜有一个人在这个阵地，还放出枪来，还甩出手榴弹来，敌人一直也没有占领。接近黄昏时，敌人是最怕夜战的，部队就撤了，高喜有胜利地、幸存地回到了连里。

高喜有所在连队要被调整到白云山西端白云寺去防御，刚回到连里的高喜有又主动请战。第二天早晨行军正好路过团指挥所，吕品特意去看望他。

吕品口述：

我们团的领导已经做了决定，要给高喜有立功，后来就给他立的特等功，这个东远里我们报请的为"东远里英雄阻击班"。

因为二班没有了，就剩下他一个人了，连队就让他到炊事班去，高喜有不干，他说我还要到战斗班去，真是浩然之气啊！在整个战斗里出现了很多这样的英雄，结果在之后的白云寺战斗中，他还是牺牲了。

四四七团首长研究地形、部署兵力（右二为吕品）

高喜有的牺牲成为吕品心头一直解不开的结，他后悔没有给这支英雄部队留下一颗种子。然而战争就是如此残酷，接下来的白云寺战斗比东远里还要惨烈，敌人利用装备优势，发动了火海战术。

吕品口述：

敌人有飞机、坦克、大炮，总是狂轰滥炸，不仅是用一般的炸弹，还有叫作凝固汽油弹的，这个凝固汽油弹比一般炸弹还要厉害，只要崩出来一点凝固汽油，粘在你身上，你扑都扑不掉，活活就能被烧死。就是这样，5昼夜，打到第5天，一个六连100多人，剩下1个指导员带3个战士，还要守住这个阵地，"有人在，阵地在！"这是我们的口号。

光教山是四四七团的二营五连在坚守，在连长穆家楣的带领下，"敢"字当头，与敌人斗智斗勇。

吕品口述：

这个连长掌握得比较好，你不是有大炮吗？有飞机轰炸吗？不是有坦克又来了吗？我睬都不睬你，都在各种隐蔽的地方隐蔽，就派人观察你的步兵在什么位置，靠近到多远呢？40米、30米，这个时候突然一下子开火。有人问："敌人有飞机、大炮、坦克，你最后还战胜了、守住了，靠的是什么呢？"敌强我弱，我们最优越的就是一个字"敢"。敢于近战，敢于夜战，敢于拼刺刀，刺刀见了红，就靠这个"敢"赢了。所以说五连的这个连长穆家楣打得好，有勇有谋，他还是能够在这种情况下，作为白云山东侧最后一道屏障起到了作用。营长好高兴啊，没有什么东西送他的，烙了几块饼送去，犒劳他，他们饿着肚子从早上一直打到下午。

敌人看光教山攻不上去，就迂回进攻西边的白云寺，四四七团指挥所也面临危险。

吕品口述：

1月31号那天，敌人狂轰滥炸，把白云寺炸得一塌糊涂，占领了白云寺。我们前线指挥所就向团报告，白云寺失守了！这个电话恰恰是我接的，我把这个电话报

到师里，师长金振钟就一句话，"夺回来！夺回来！夺回来！"电话放下，没有二话，就是夺回来。

一个白天敌人占了阵地，我们只有轻重机枪，步兵蜂拥而上，敌人还是训练有素的，他很快脱离你的步兵的接触，打起烟幕弹。

我们就往前冲，敌人就打炮啊，我们三营的副营长，就是夜袭水原领队的，负伤了，七连的指导员宋时运牺牲了，八连的一些领导几乎是都伤亡了。当时我们要的就是恢复这个阵地，我们付出了很大很大的代价。这其中还有一个要点，叫作201.55高地，它的海拔只有200多米，就在白云山的前面，也就是一个小高地。九连的副连长带的一个排，战斗一整天，全部牺牲了。

收复白云寺阵地后，敌军仗着机械化装备，每天又发动数十次冲锋，但四四七团就像一颗钉子，死死地钉在白云山上。连续激战11个昼夜，共歼敌1400余人，以伤亡344人的代价顺利完成了阻击任务，这是志愿军采取阵地防御与强敌对抗的第一次胜利。

吕品口述：

经过志愿军总部批准，授予我们"白云山团"这样光荣的称号，白云山团的光辉是英雄们血染红的。

让吕品倍感自豪的是，他曾3次去北京天安门广场参加重大庆典活动：第一次是1954年，作为志愿军归国代表团，参加国庆5周年的庆典；第二次是2015年，作为新四军代表，出席中国人民抗日战争暨世界反法西斯战争胜利七十周年纪念活动，并参加9月3日的首都阅兵；第三次是2019年，作为军队英模代表参加庆祝中华人民共和国成立70周年的阅兵仪式。

吕品口述：

通过天安门，更让我感到荣耀和兴奋的是，我们白云山团旗在那个方队里面，这就是说我们全团的健在的、全团的幸存的、全团的负伤的、壮烈牺牲的都有了，我看到那个红旗在一百面旗子里面，在那个显著的位置随风飘扬。

张鹏

人在 阵地在

英雄档案

张鹏，1933年3月出生，辽宁喀左人。1949年10月参军，1951年1月抗美援朝出国作战，任志愿军第六十五军一九五师五八四团三营九连八班副班长。战斗中，他在没有给养的情况下与敌人周旋7天7夜，头部受重伤依然英勇战斗，坚守住了阵地。

1952年10月，志愿军开始了秋季反击作战。张鹏所在部队对板门店以南10公里处的86.9高地展开进攻，但地形对志愿军非常不利。

张鹏口述：

有七八门野炮，攻敌人、打山头，赶着打到一定程度了，连敌人的铁丝网都打不得儿了，咱们这边营参谋长，用这个信号枪，打绿弹，"腾"就上去了，这炮就可以停了，咱们就往上攻。

此时，敌人的飞机赶来增援，立足未稳的志愿军部队遭到轰炸。

张鹏口述：

飞机铺天盖地，整个我们一个营啊，

那炸弹挨排往下扔。

飞机的炸弹与地面的炮火倾泻在志愿军阵地周围，一枚炸弹正好击中张鹏的掩体。

张鹏口述：

这么厚的板，八层，我在那里头，打敌人，留住两个枪眼，在那儿往外打。把这八层板打透了，这个炸弹皮才给我崩着了，晕倒了。后来又醒过来了，又打了几枪，还是不中，血直流。

张鹏满脸是血，时而昏迷时而清醒。

他不知道，自己的左额头颅骨已经受伤，而其他战友也相继倒下，连赶来传令的通讯员也加入了战斗。

张鹏口述：

连部通讯员传令，营长说了，"这个时候就是人死净也不许你撤"。我这不中啊，这人基本都死净了。通讯员就留在阵地直接往外打，后来通讯员也牺牲了。

最后，阵地上只剩下身负重伤的张鹏一人，他打退了敌人十几次反扑，胜利完成了坚守阵地的任务。

九死一生的经历不止一次。1953年3月，张鹏所在连队与敌人在一处无名高地展开争夺。

张鹏口述：

攻击，把这个山都攻下去了，那次消灭不少敌人，那个山坡死的敌人叽里咕噜滚下去。攻下去之后，敌人部队围上来了，就有美国兵了，炮也都四外支上了，那飞机就满天都是，给养运不上去。

敌人企图通过切断我方供给，达到攻陷目的。但张鹏和战友们巧妙周旋，始终把阵地守在脚下。

张鹏口述：

我下去小山沟儿，有这么一个草袋子

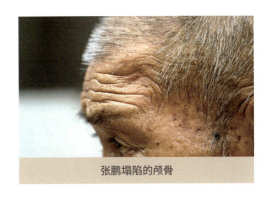

张鹏塌陷的颅骨

大米，我给它背上来了。当时给我们这个班，一人一把一人一把，就当生豆子，嘎嘎嚼着，也顶事儿呢，吃完了也欢实点儿了。

张鹏和战友再一次转危为安。他们又接到新的命令，连夜赶往松山、介山执行任务。走在寂静的山路上，突然听到一声婴儿的啼哭。顺着声音找到了一所民房，只见屋里的男女都已经倒在血泊当中，此刻只有一个一两岁的男孩趴在女人身上哭泣着。张鹏和战友们抱起孩子继续前进。

张鹏口述：

赶到后期到班里以后，我们连长就说啥了，白天就给炊事班了，全排整个的人都哄着小孩呢，背着、抱着。

8天后，战斗任务结束，张鹏带着孩子回到后方，平安地把孩子转交给了朝鲜地方群众。

张鹏被敌机炸伤的头部形成颅骨凹陷性骨折，在部队被评为三等乙级伤残。

郝永孝

"汽车兵万岁！"

英雄档案

　　郝永孝，1932 年 3 月出生于沈阳辽中。1948 年 11 月考入第四野战军后勤部青年干部学校，1949 年随军南下，参加解放海南岛等战役。1950 年 10 月抗美援朝出国作战，由安东长甸河口浮桥过江，担任志愿军后勤运输部汽车四团教导员，后为团政治处书记。参加了五次战役，送弹药、运伤员、救汽车，不惧生死保运输，1953 年 4 月在朝鲜加入中国共产党。

　　1951 年 8 月至 1952 年 6 月，"联合国军"发动"绞杀战"，依靠空中优势，对志愿军交通运输线实施大规模持续轰炸。

　　郝永孝口述：

　　晚间到处是照明弹，照明弹紧接着下来是炸弹。路上有三角钉，落到地上，固定有一个尖冲上，汽车轮轧上，气就给你放了，你的车轮胎就报废了。还扔过手表，拿起来看它还走呢，你戴上之后不一会儿，手就给炸一下。还有花弹，草地上有花，也不在乎，我们有一个王班长，车伪装完了，拎着大衣就走，刮那个花上了，咣一声，声音倒不太大，像炮声似的，就把两腿炸下去了，那都非常残酷。在战场上，美国没少做这些伤人的功夫。

　　汽车运输部队也成为敌军重点袭击目标，郝永孝多次与死神擦肩而过。

　　郝永孝口述：

　　有一天，我和大老陈俩开这个车，他开到大道上，就停下来了，我说："你怎么停下来了？走啊！"他说："昨晚没睡好觉，脑袋特别沉，容易出事故。"我说："那好，那咱俩换吧。"换过来我就加大

觉。结果咱们那些同志们说不行，你不能睡，这飞机喔喔地来这么老些，直么炸，你再困也得走，他们扯着我这就走了。等飞机炸完走了，我回我那屋一看，那蚊帐好几个眼儿，被窝上也净是眼儿，如果我在那儿住着，那我就没了。

在抗美援朝战场上，汽车是运输物资最有力的工具，志愿军汽车兵像爱惜自己的生命一样看护好每一辆汽车。危急时刻，郝永孝冒着生命危险挺身而出抢救汽车。

郝永孝口述：

那阵子还没有挖掩体呢，汽车都是用树叶和柴草把它盖上就完事儿了。你赶到飞机来，一低空飞行，它那儿风特别大，一下子就把我们盖的那些东西刮下去了。飞机回头一看这么多汽车，就回来开始打。汽车油箱一打着，那汽车就报废了。我一看前面还有一台车没着，我就跑过去，把汽车车门打开，没有钥匙，咱们的汽车兵都懂，把底下的钥匙线一拽，俩一搭，就着了。我把车开到山沟里去了，那里的树多啊，飞机再转过来，就找不着了，这样我不就抢救一台车了吗？文职还能抢车，所以在评功的时候就给我立了一

油门，呼呼呼开，开开开，也没听到防空哨打响，结果就是脸一闪，"咣"一下子炸弹就下来了。下来之后，炸弹离得近啊，耳朵嗡嗡的，根本就听不着了。炸完之后，继续跑，我心想大老陈那么大炮弹你还不醒啊？这时他就往我这边靠，我推他一把，结果一把舵轮，手胶滑，踩刹车，打开室内灯一看，已经牺牲了。如果我不调个儿，那恐怕我的脑袋就没了。

特别有一次炸平壤的时候，我们去的车比较多，那里有我们休息点，我到那儿之后就铺上了，蚊帐我都盖上了，准备睡

次三等功，就这么立的功。那时候顶着飞机，真么炸，直扔弹，你能跑出去抢车，所以立功也不是那么容易简单的事。

1952 年秋，上甘岭战役持续鏖战 43 天，前线部队缺乏弹药。郝永孝和战友们冒着生命危险，在白天把车开出去，往前线送弹药。

郝永孝口述：

特别是上甘岭战役的时候，部队缺子弹了，我们白天给开出去的，那飞机打，我们就绕着走，后来我们把物资送上去之后，战士们喊："汽车兵万岁！"

郝永孝在一首诗中写道："面对人生无憾事，千锤百炼志更坚。"他在朝鲜待了三年多，对胜利有着自己的理解。

郝永孝口述：

在战场上能够考验一个人、锻炼一个人，就看你的实际行动。思想单纯，不考虑自我，都是从整体出发，牺牲自我，保护大我。

最后胜利的原因是什么呢？天时地利人和，没有私心杂念，只有这样一个集体，像一个人一样，才能战胜强敌。虽然我们武器比你们差，但我们的精神比你们要高得多，我在战场上确实有这样的一个体验，战友之间的感情比兄弟感情还深。

黄宝善
"摄影机就是我们手中的武器"

1952年9月，刚刚成立1个月的解放军电影制片厂接到任务：拍摄纪录片《打不烂、炸不断的钢铁运输线》。摄制工作刚开始，就在朝鲜平安南道成川郡石田里——罗盛教牺牲的砾沼河畔遇到了敌机袭击。

黄宝善口述：

就听到"哗哗哗……"的机枪、飞机扫射声音下来。完了就有人喊"防空！""防空！"轰轰地几个炸弹就下来了，一下子墙就歪过来了，这人就乱了，往外跑。

我往外跑的时候，高庆生跑回来了，满脸是汗，脸红红的，他伸手就从我手里把他那台苏联M机器接过去了，接过去回头就跑。跑出去大概离我50米以外，

就听到炸弹呼啸声，近处听就是那铁裂开的声音，"咔嚓"，我整个的感觉就是人提拎我胳膊、腿，扔起来又趴在那儿。这时候高庆生就牺牲了，炸弹炸的是我们两个，我趴下了，他在跑，他牺牲的时候摄影机还在他身边。

这是我们厂建厂以来第一个在战场上牺牲的烈士。其实，没回来拿机器也不会有人追究你，但是我们到厂里训练班第一课：摄影机就是战士的枪，人在枪在，人在机器在。

回来以后，给了高庆生同志一个"模

范共青团员"称号，这个机器命名为"光荣号"。后来回国的时候，在天津开了个追悼大会，有一副挽联"英魂永伴罗盛教，烈魄常依砾沼河"，我也是终生难忘的。

挫折并没有吓倒新中国第一代军中摄影人，摄制组再次出征。为了记录第一手战争资料，他们置身险境，不顾其他。

黄宝善口述：

没事儿就坐在地上，把这个机器摆在这儿，胶片都装好了，上边拿纱布苫着，就在那儿等着。忽然间，后山满天高炮爆烟，爆起来了，有一架飞机擦着我们头顶超低空，飞机后头冒着烟。我们就说"打下来了，打下来了，赶快拍！"来不及呀，等你把机器拿出来，早跑了。

如今我们能看到的珍贵镜头，每一个都是摄制组冒着生命危险拍下来的。

黄宝善口述：

电影上第一次出现的喀秋莎火箭炮，是我们那次拍的。事先跟着炮兵把地形勘察好了，炮位都定下来了。到晚上，比如说，七点一刻反击，他们六点多就进入阵地，到时候一声令下，整个火箭炮就把山顶上打得像戴个火帽子似的，两轮发射完了开车就跑啊！

那组 3 个人，正在山上隐蔽着准备往回走呢，一阵炮就过来了，用他们的话说"挨了一个钟头的炮毙"。

《钢铁运输线》摄制组在朝鲜战场整整拍摄了 1 年，组里绝大多数是 20 来岁的年轻人，战场的经历磨炼了他们"革命理想高于天"的信念，也激励着他们在以后的人生中砥砺正道，阔步向前。

高玉枝

战场救战友 智勇擒俘虏

英雄档案

高玉枝，1931 年出生，宁夏磴口县人。1949 年 8 月参军，1950 年加入中国共产党。1951 年抗美援朝出国作战，先后任志愿军第六十四军一九二师五七五团五连二排战士、机枪班班长、排长。在第五次战役中，他救战友、抓俘虏，表现英勇，多次立功。

第五次战役打响以后，高玉枝接到一个任务，带领 4 名战士掩护部队撤退。

高玉枝口述：

我们机枪班就剩 5 个人了，在敌人轰炸扫射之后，两个人负伤了，我扛着一挺机枪，还有个战士扛个机枪，还有一个扶着腿部负伤的，扶着走。我们从山坡往下走，听见山沟有人喊：救命，救命……一个劲儿地喊。

高玉枝命令战士原地待命，他跑到发出救命声的山沟查看，发现 1 名战友腿被打断了，不能动弹。一问，是六连的，敌机轰炸时负伤昏迷了，醒来时，连队已经撤走了。

高玉枝口述：

战士负伤了，你不能扔掉呀，这没办法我就把这个战士背上了，往后撤，找连队，走了 3 个小时的样子。走一走，歇一歇，累得呀都不行了，说实话。

终于，遇到五七五团首长骑马路过，把重伤员驮走了。

在准备渡过临津江的时候，遭遇敌机轰炸，高玉枝和机枪班的两名战士与连队失去了联系。

高玉枝口述：

3 天什么也没有吃，原来带的炒面，炮弹一打，口袋都打碎了，都撒光了，什么都没有了，水壶也没水了，我们这几天就喝稻田的水。

找到连队后，高玉枝担任了二排排长，奉命到马良山、高旺山之间的高地防御。美军派出一个排的兵力，抵近 199.4 高地侦察。

高玉枝口述：

可能有 100 米的样子吧，我就看见四五个敌人在那儿，不能开枪，我就想办法偷袭敌人。带了一个班总共 6 个人，从前沿阵地下去，绕着、擦着，迂回到敌人的后侧，离敌人大约三四十米，敌人发觉了。我们拿着冲锋枪，五六支冲锋枪，突突突，当时就打死了 4 个，还有两个敌人，我就喊："投降，缴枪不杀！"他们没办法，就把手都举起来了。我告诉我们的战士，不要开枪，抓活的。快走到跟前的时候，有个敌人把枪从头上拿下来了，我一扣扳机，一梭子子弹，就把那个敌人打死了，剩这个干脆就把枪扔地上了，手举起来了。

杨兴蓉

"我永远是一个不褪色的兵"

　　在杨兴蓉工作的第四十七军医疗二所，靠近前沿阵地，紧张时期从早到晚忙着手术和运送伤员。

杨兴蓉口述：

　　有一次一个晚上就来重伤员300多个。我们医务人员要保证给伤员吃上热饭，喝上热水，及时地进行抢救治疗。手术室的医生、护士们已经5天5夜没有休息，在那里抢救。白天已经忙了一天，晚上我们还要去抬伤员。我的战友文道平，她就在上面拉，我就跪在那里推。因为结很厚的冰，像羊肠小道，旁边悬崖陡壁，我们要是摔了，抬着的伤员就会被扔下去，就不得了啊。但这个时候，飞机又来了，又炸我们，我们就是宁愿牺牲自己，我也要保护伤员。所以好几次，我们都是趴在伤员的身上，伏在那里，你要炸就炸死我吧。

　　部队打到哪里，杨兴蓉和医护人员就跟到哪里，战士们直面生死的精神深深影响着她。

杨兴蓉口述：

　　打老秃山，打得非常艰苦，冲上去爆破的同志们都牺牲了。但是有一个叫滕明国的副班长，带了6个人，就趴在那个铁丝网上，叫战士们从他们身上踩过去，冲上去。因为战争啊，时间很紧，结果完了以后，战

1953 年老秃山战斗后，杨兴蓉为伤病员表演节目

士们冲上去了，这六个战士全牺牲了。

有一位年轻伤员的牺牲，让杨兴蓉更加坚定了自己的人生目标。

杨兴蓉口述：

有一个十八九岁、二十岁左右的年轻伤员，他因为流血过多，没有抢救过来。我在他染血的衣服口袋里头，看见了他写的入党申请书，那个入党申请书已经被鲜血染红了。我一看到这个，我又流眼泪了，我想："这个战士这么勇敢，但是我没有把他救过来，他还有这个心愿，那我一定要完成他的这个心愿，我一定要入党。"为了完成我这个牺牲的战友、烈士的心愿，从此以后，我就按照党员的标准，严格地

要求我自己。

杨兴蓉不仅无微不至地料理伤病员的伤势，还想办法舒缓伤员的情绪。

杨兴蓉口述：

我们除了医疗救治以外，还给他们演点小节目，跳个舞，我和我们战友顾忠会、梁明昭几个人就表演。我是表演舞蹈，我在那儿跳《半个月亮爬上来》，来慰问我们的伤员。因为我们不但要救人，我们政治上还要活跃，还要关怀伤员呐！

当有一个伤员在我那儿治好以后，他向我行个军礼，他重返前线的时候，我心里特别地高兴。

在朝鲜这三年，成就了我的成长。部

队是一所大学校，我学会了医疗技术，提高了政治思想觉悟，从一个普通老百姓成为一个合格的军人，提升了素质，所以我要处处听党的话，时刻听从祖国的召唤。

1957 年，杨兴蓉和战友顾忠会喜结良缘。1969 年，夫妻二人又响应号召，主动申请带领 12 名天津医务人员来到广西百色革命老区隆林各族自治县德峨公社，创办了"马驮医院"。

杨兴蓉口述：

那里没有电灯，没有自来水，要跑很远的路才能挑一担水回来。有时一个病人抬到我这里来，就已经奄奄一息了。所以，我又想到了在朝鲜战场上，那种随着战争移动而动的办野战医院的模式。我就在那里创办了"马驮医院"，我们就是拉着马，马驮着医疗器械，去山寨巡回送医送药。有些病人，有些需要手术的，我就地给他们做手术，就地送医，就地在那里治疗，我在那里工作了 10 年。

"马驮医院"

成为全国卫生战线的先进典型。退休后，杨兴蓉致力于诗词创作，为纪念抗美援朝出国作战 70 周年，她创作了一首《志愿军女兵风采》：

朵朵玫瑰战地花，
铿锵绽放遍山崖。
参谋文秘和通讯，
医护宣传与雷达。
弹雨枪林无所惧，
爬冰卧雪漫天涯。
同仇敌忾功勋著，
抗美援朝为国家。

杨兴蓉口述：

我是在志愿军部队里锻炼成长起来的，所以我永远记住了，党、军队对我的培养，我永远是一个不褪色的兵。

姜春阳
两过家门而不入 音乐作品鼓士气

英雄档案

姜春阳，1930 年生于辽宁省丹东市，著名作曲家。1948 年参军，1962 年加入中国共产党。曾在志愿军第十三兵团团宣传队、师文工队、空军歌剧团等单位任职，创作有歌剧《江姐》《红梅赞》《绣红旗》《幸福在哪里》《军营男子汉》等经典之作。抗美援朝期间，他两过家门而不入，用饱含深情与力量的音乐作品激励战友们夺取胜利。

抗美援朝开始后，正在南下剿匪的姜春阳随部队调回东北，由陆军改为空军，担任空军第三师文工队队长。

姜春阳口述：

文工队有个规定，每演出一场都要有一个新的节目，我们当时是一天演一场，那么问题就来了。就派了一个先遣组，就是创作组，先出发，先到这个部队了解部队的好人好事，就是为了晚上演出马上就演唱。作者都是谁呢？大家知道歌曲《十送红军》《向阳花》的这个作者，他写词；作曲的是写《江姐》的作曲之一，那就是我了。晚上就唱，第一个节目就是这个。

唱了以后，这个部队就不一样了，相当地热烈，相当地活跃，当时对我们每个人都是很大的鼓励。

歌唱英雄，宣传胜利，活跃气氛，鼓舞士气，姜春阳觉得他们的演出发挥了独特的作用，特别是到在一次空战中击落 4 架敌机的一级战斗英雄刘玉堤所在部队演出时的情景，令他至今难忘。

姜春阳口述：

现在我还记得这个词，"战斗英雄

刘玉堤,英勇顽强打敌机"。我唱了"战斗英雄刘玉堤,英勇顽强打敌机……"这一唱完,那部队"啊……"马上就掌声不断啊!他坐在那儿,我指着他,我一指,他就低下头呢。演出结束,他到我们后台去了,"我要找唱第一个节目的那个男同志"。见到我的时候,"啪!"给我敬个礼。他就说了一句话,我印象最深,他说:"你唱我干什么?"哈哈……

抗美援朝期间,姜春阳几次经过家乡丹东,都因为执行任务而过门不入。

姜春阳口述:

我从四平坐火车到丹东,这火车过了蛤蟆塘,我家就住在蛤蟆塘到沙河镇中间这一段的地方。我在火车上就看到我家的房子了,就是原来丹东的那个灯泡厂,眼睁睁看着我家的房子,车就哗哗走过去。可是我不能回

家,因为我有任务——抗美援朝。

抗美援朝时,两次路过家乡,但我没有回家,都是坐火车看着。特别第二次,我又坐在那儿看着,看看那个房子里,我的妈妈出没出来,看看我的妹妹、弟弟他们会不会这时候出来。自己在那儿想,注意看,但是车就哗哗过去了。直到7月27日,停战。啊,松了一口气,回家,看妈妈!

作为丹东人,姜春阳对家乡"英雄的城市 英雄的人民"为抗美援朝战争胜利作出的巨大牺牲和特殊贡献由衷地自豪。

姜春阳口述:

丹东是英雄城市,她在这个历史时期,震惊了世界。还记得一首歌吗?"雄赳赳,气昂昂,跨过鸭绿江。"我们的志愿军多少人都是在这个地方过去的,都是我们丹东的乡亲们他们贡献了一切,你要粮我给你粮,你要什么我给你什么,甚至我们勒紧裤腰带也要支援你们。我感到骄傲,我们丹东做的事情,那真是四个字:无私奉献。这个奉献是为什么?因为革命,因为我们国家,因为祖国,祖国的尊严!

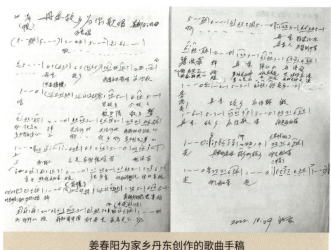

姜春阳为家乡丹东创作的歌曲手稿

冯汝智
孤胆英雄美名扬

英雄档案

　　冯汝智，1934年3月生于广西玉林市博白县。1950年参军，在新兵大练兵时就立功入党。作为第五十四军一三五师四〇四团一营一连二排六班战士，抗美援朝。在金城反击战争夺0111高地战斗中，他在战友全部牺牲的情况下，一人歼敌50多人，打退敌人最后反扑，让红旗始终飘扬在阵地上，被授予"孤胆英雄"称号。

　　1953年7月13日，金城反击战打响，冯汝智所部接到了攻占0111高地的任务，他积极报名，参加了尖刀组。

　　冯汝智口述：

　　我们班长程议禄把红旗接过来，我在红旗上第一个签字："立大功、特功，到北京去见毛主席。"我又写上"冯汝智"三个字，还把自己的名字圈起来了。

　　19日零时，尖刀组通过敌人的炮火区，向0111高地的敌人发起了冲锋。

　　冯汝智口述：

　　排长一声令下，"冲！"我们突击班都往上冲。当时我在左边，我就向敌人的机枪火力点集中射击，抛出手榴弹将敌人消灭。然后排长又喊："右边有敌人的机枪！"我又迅速抽出武器，冲向右边，与敌人有二三十米那么远，我就向他们投出一颗手雷，手雷爆炸，把敌人的机枪火力点给消灭了。有几个敌人往后跑，我就端起冲锋枪，两脚交叉，站在这个交通沟里面就打，猛打。打了一阵儿，对面山的敌人就向我打过来一炮，这个炮弹当时就落到我这个战壕的底下，如果这个炮弹再打高一点，那我也壮烈牺牲了。

　　当时那个沙土飞得满天，把我身体都

金城反击战中志愿军向南朝鲜军阵地进攻

埋上了，是二排五班罗凤鸣上来，把我身上的石头扒开，把我拉起来。当时两个耳朵听不见，震聋了，眼睛看得见。

冲上去就看见，第一个是我的副排长张俊全，他的脸部受了伤，不能说话。我的那个组长左手受伤，右脚也受伤。我那个红旗手叫黄崇贵，他中弹壮烈牺牲，他两腿跪在地上，做到了"人倒红旗不倒"，有军人的坚强意志。班长、排长就冲了上来，命令我们占领阵地，修补工事，准备弹药，打击敌人的反扑。

20日上午，敌人发起了几次反扑，火力一次比一次猛烈，都被冯汝智和战友们击退，而志愿军也伤亡很大。

冯汝智口述：

当时敌人的飞机大炮向我们0111高地进攻，是相当激烈的，我们那个连的一个战士被一个弹片把头部打破了，还有一个战士两个胳膊被炸断了。

打退敌人的反扑，我就冲到山顶上去看看。我一看我们连那个张春和炮班的班长，张春和是东北人，两腿炸断了，我就拿急救包上去给他止血。他看见我，就喊："小冯，你帮我交最后一次党费。"我就答应了。我把他的党费拿过来一看，当时他给我的那个党费是旧币，是1万块钱1张的，就5张，这5张就是5万块，相当于现在人民币5块钱。所以张春和在临牺牲之前，他都向党组织交纳党费，这点是值得我们学习的。

当击退敌人第八次反扑时，冯汝智发现情况不妙，他听不到战友们的呼应了。

冯汝智口述：

本来每一次打完以后，战友们都喊："打得好！打得好！"互相鼓励。可是到了第八次，就光我一个人喊："打得好！"我心里就想，真奇怪，就跑到山顶上，左右观察，全连的战士都英勇牺牲了，他们的鲜血染红了阵地。

阵地上就剩我一个人了，我还要坚守阵地，和敌人拼到底。我就收集战友的枪支、弹药、手榴弹，摆在阵地上，准备和敌人继续战斗到底，随时打击敌人。我一边插了两个手榴弹，就是四个手榴弹，做好了思想准备，随时和敌人同归于尽，与阵地共存亡。

在迎击敌人第九次反扑时，营指挥所派兄弟连的姜海荣带来一个班的战士支援战斗。

冯汝智口述：

敌人就开始向我们反扑，姜海荣就喊："沉住气，把敌人放近一点，60米，50米，30米再打。"敌人离我们30米了，又喊"开始打！"我们就扔手榴弹，还有冲锋枪一起打。姜海荣这个班的副班长也牺牲了，另两个战士也受伤了，最后打退了敌人的第九次反扑。

冯汝智在这次战斗中，和战友们一举攻克0111高地，消灭敌人两个火力点，

并坚守阵地打退敌人九次反扑，一人歼敌50多人。战后他荣立一等功，被授予"孤胆英雄"称号，荣获朝鲜民主主义人民共和国一级战士荣誉勋章。

冯汝智口述：

我的梦想成真了，立了大功，我的大功是抗美援朝一等功，两次到北京见伟大领袖毛主席。第一次是1954年五一国际劳动节，我到北京去见的毛主席。毛主席登上天安门时，向我们各代表团喊："人民万岁！"第二次是1957年，中国新民主主义青年团第三次代表大会，会议以后到怀仁堂同毛泽东主席一起合影留念。

我还要发扬爱国主义、国际主义和革命英雄主义精神，一不怕苦，二不怕死。特别是搞这个国防教育，希望全国的学生，发扬报效祖国的精神，将抗美援朝、保家卫国的精神发扬下去。

2022年12月，冯汝智因病逝世，享年89岁。

靳海芳

"万岁军"中的尖刀排长

靳海芳，1931 年 9 月出生，吉林榆树人。1946 年 4 月参军，1947 年 7 月加入中国共产党。1950 年 10 月抗美援朝出国作战，在志愿军第三十八军一一四师三四〇团一营四连先后任排长、副连长、连长，参加第一至四次战役、西海岸防御任务，带领尖刀排冲锋在前，屡立奇功。

1950 年 10 月，靳海芳跟随第三十八军一一四师三四〇团入朝作战，解放战争中屡立战功的他此时已经是一营四连的尖刀排排长。第二次战役嘎日岭战斗，志愿军与敌展开争夺，反复冲击，靳海芳带领尖刀排实施突击战术，重创了土耳其旅。

靳海芳口述：

怎么整的呢，12 月不有雪吗，咱穿那个棉鞋，大头鞋一踩雪不嘎嘎响吗。后来我就下令了，我们尖刀排把鞋脱了，战士把鞋脱了，鞋带系上挂脖子上，光脚往上摸，摸到跟前他们都没发现，咱都没用枪打，近距离用手榴弹打的。抓俘房，俘房怎么说呢，我们没法子，他临来之前，国内就教他说这几句话，如果被俘说这几句话就行了，志愿军就可以不杀你。

第三次战役，一一四师担任左翼迂回任务，突破当面之敌韩第六师防线，尖刀排穿上白色的伪装斗篷，隐藏在皑皑白雪之中等待冲锋的信号。

靳海芳口述：

5 点多钟在那儿潜伏，估计到了 10 点多钟，那时候哪有表呀，就是估计时间。这时候起来三发信号弹，我们尖刀排，开始往三八线里面突破，因为敌人有防御。

三十儿晚上放鞭炮你知道吧，那就跟放鞭炮一样，那子弹打得哇哇的，炮也响，子弹也哇哇的，我们那个排在最前边。

靳海芳带领尖刀排冲在最前面，转过一个山脚他发现了敌人的一个油库。

靳海芳口述：

有10多个美国鬼子在那儿站着，结果我拿那个冲锋枪，咔咔咔一打，都打着了，这他没油了，他就完蛋了。一看事儿不好，一看没油了他的机械化部队开始往后撤。

第四次战役，第三十八军担负西线战场的阻敌任务，在汉江南岸拼死阻击敌军进攻。靳海芳带领尖刀排在无名高地坚守，阻击美军通过汉江支流一座桥梁，在敌军地面炮火和空中飞机的猛烈进攻下，以血肉之躯苦苦拒敌。

靳海芳口述：

控制住那座桥，敌人就过不来，团长下了死命令，无论如何要守住这个无名高地，我们有三挺轻机枪，子弹也打得差不多快没了，我们排还有30来个人。敌人是美国部队和李承晚的部队混合的，能有200多人进攻。地面上火炮机枪一个劲儿地打，天上还有飞机扔炸弹。还来一种叫燃烧筒，它那个像汽油桶那么大四方的，扔下来离地面两米来高，爆炸了炸完以后

就是火，在那里烧死我们两个战士，一个姜耀东，一个刘敬荣，活活地给烧死了。

这一路进攻的敌人都是敌军精锐部队，火力兵力相差悬殊。靳海芳身边不断有战友受伤倒下，战友们相互救助，简单包扎以后继续战斗。

靳海芳口述：

没有掩体啊，就是挖了几个小坑道，都被敌军炮火炸平了，我们就躲在炮弹坑里。白久为，他呢就把手指头打掉了，打掉五个手指头，我估计他那么托枪啊，子弹这么穿过来了，把手指头打掉了。那咋整，我们每个人都有个急救包，他的急救包已经给别人用完了，我就把我的拿来给他包扎上了。

面对来势汹汹的敌人，只要有一丝战斗力，战士们就绝不让敌人过桥。

靳海芳口述：

把我帽子干丢了，帽子咋干丢的呢？打得太激烈了，掰个树枝子，把帽子插在树枝子上，他一打，帽子给搁起来，寻思把我打死了，其实我把帽子放那里掩护一下，没打着我。敌人上来有个四五次要过那个桥，我到老了没让过来，始终封锁住了。

战斗进行得异常惨烈，尖刀排减员非常严重，战士们依然勇敢战斗，阻击敌人。

靳海芳口述：

我们团部有个警卫连，保护团指挥所的，一般不能轻易上战场，团长一看说不行了，警卫连就上去了，把我替换下来了。我们 3 个人，一个重伤号，一个轻伤号。我还没被打着，我背个重伤号，架个轻伤号下来的。那个无名高地始终没丢，始终没丢啊。

第二次战役中，靳海芳所在的三四〇团团部夜间急行军误入敌军包围圈，天亮后被敌军发现，处境十分危险。

靳海芳口述：

我们那个团长在国内我给他当警卫员来着，他知道我，就把我们一排调他跟前来了。那四外敌人都围上了，往上上啊，咱们不了解情况啊！后来那里有个小石头

桥，我就把那几个首长安排在下面，我说你们在这里别动，外围有我在你们放心。我带 7 个战士打，打了能有 1 个多小时，正好我们二营从山那面过来了，这下解围了，里应外合反包围，还抓了 20 多个俘虏。

这次战斗，靳海芳带领 7 名战士保卫团部，被授予大功 1 次。如今，经历大小战斗无数，在枪林弹雨中走来的老英雄依然壮心不已、初心未改。

靳海芳口述：

我是个党员，我忠于党，党叫我干啥我干啥，绝对服从，绝对不打折扣。我始终这种思想，国内战争我也经历了，抗美援朝战争我也经历了，我这一生我认为我值，怎么值呢？对国家对人民我出过力了。

王天保

首创螺旋桨式击落喷气式战机的奇迹

英雄档案

王天保，1926 年 11 月出生，河南陕县宜村乡丰阳村人。1939 年到延安参加革命，1945 年加入中国共产党。1947 年参军，先后在东北航校、济南航校学习，成为新中国第一批飞行员。抗美援朝时期担任志愿军空军第二师第四团三大队副大队长，一举击落击伤 4 架敌机，创造了世界空战史上以螺旋桨式击落喷气式战机的奇迹，获得二级战斗英雄、特等功臣荣誉。

抗美援朝战争爆发后，美国空军增调了大批后掠翼喷气式战斗机 F-86，妄图凭借其先进性能垄断制空权。

1951 年，美韩情报机关在鸭绿江口的大和岛上部署了雷达、对空情报台和监听设施，对志愿军威胁很大。志愿军总部决定：拔掉这个钉子。

王天保口述：

大和岛，安了个敌人的对空指挥所，指挥对空战斗。因为在海上，海军不行，没办法，我们派轰炸机去轰炸这个指挥所。喷气飞机掩护不行，留空时间短，没办法直接掩护，就叫我们拉 -11 配合轰炸机。

1951 年 11 月 30 日，志愿军出动 9 架图 -2 轰炸机，飞向大和岛执行轰炸任务。空军第二师四团出动 16 架拉 -11 战斗机，担负轰炸机编队的直接掩护任务。王天保担任三大队领队长机，负责保护右翼安全。

15 时 12 分，混合编队刚通过龙岩浦，王天保发现，左前方出现美军喷气式战机。这是美远东空军派出的由 30 多架 F-86 喷气式战斗机组成的编队机群，前来拦截我方轰炸机机群。图 -2 轰炸机各中队相距约 500 米，美机利用速度快的优势，不断在其中穿梭攻击，企图冲散编队，让轰炸任务无法完成。见到此景，王天保扭转机头，与敌机展开空中格斗。

王天保口述：

敌人来了，轰炸机继续前进，我就和敌人格斗。一开始，七八个飞机围着我转，我就不能直接掩护了，敌人打我嘛，我就跟着转。一转一转，转一会儿，我一看，7架飞机围着我，围成一个圈，我一个人在中间。

要论性能，螺旋桨式的拉-11战机没法跟喷气式F-86相比。拉-11的时速只有700公里，而F-86时速有1000多公里。这时王天保按照战前研究制定的预案，做不规则的机动飞行，不让敌机从后面咬住，同时充分利用螺旋桨式战机转弯快的特点展开周旋。敌机速度快、转弯大，要靠近王天保，只得减速。这样，就给王天保造成了攻击机会。

王天保口述：

拉-11只有一个好处，就是灵活、转弯快，其他的不行，它一个标准转拐，盘旋360度，20秒。前置点，我"嗒"一打，敌人一翻，后面还围着我，我继续转，转到前面。敌人又来一个，打一个，又打一个，又一翻。我就尽量靠近，因为转弯半径小，打了几架后，最后一架离我比较近，我一个长射，把敌人罩住，发现敌人冒出一个东西。借着敌机后面的涡流，我飞机一抖，我以为打我了，我就赶快往后看没有飞机，再反过来看，不见了。回来一判读，前面的是300多米打跑的，最后这个180米，最后是击落，击落1架，击伤3架。我的飞机别的没有，破了一个洞，回来了。

一方是当时世界上最先进的F-86喷气式战斗机，另一方是老式的活塞式螺旋桨战机；一方是飞过几千小时参加过二战的飞行员，另一方是刚出飞行学校大门、没打过几次空战的毛头小伙子。年轻的志愿军空军飞行员就在双方差距悬殊的情况下，开创了世界空战史的奇迹。

王天保后来曾任海军航空兵二师师长、东海舰队航空兵司令员等职，2022年5月逝世，享年96岁。

李维波

学生兵首战告捷 高炮手年年立功

英雄档案

李维波，1932年11月出生，吉林省桦甸县人。1949年9月考入东北军政大学，1950年10月跟随志愿军高射炮兵第五〇四团入朝学习，1951年1月任高射炮兵第五〇一团一连二班炮手，1952年任火炮排排长，1956年6月加入中国共产党。他作战勇敢，多次立功，荣获朝鲜民主主义人民共和国军功章。

1950年10月，正在东北军政大学学习的李维波和同学们提前毕业，参军入伍，被分配在志愿军高射炮兵第五〇四团，并被直接带到位于朝鲜水丰洞东南山头的三连阵地，边战斗边学习苏式高射炮。

在连队中李维波很快崭露头角，1951年1月，被安排到志愿军高射炮兵第五〇一团一连二班担任炮手。

李维波口述：

前线需要组建高射炮兵，需要有一定文化程度担任这个兵种。我们学的是步兵的战术，在这个基础上，我们就到了高射炮兵第五〇四团学习。五〇四团是在朝鲜水丰洞，保卫中朝的水丰发电厂，这是去战场上学习，我就想一定要学到真本领，就想把美军的飞机打下来。

李维波口述：

过去我学的是苏式炮，到这个团使用的是日式炮，我没学过，班长张财就教我这个八炮手。这个八炮手就是九炮手把炮弹装进去，八炮手把它拉火放出去。我说这个炮手挺好，过瘾哈，你装弹我发射。当时我不会，拉早了拉不响，拉晚了时间又错过了，时间性很主要的，所以平时得注意拉火的问题。

祖国慰问团来前沿阵地慰问，正赶上敌机袭扰。李维波初出茅庐，首战建功。

李维波口述：

在这个时间飞机来了，我们上炮就打。连长下了五发急促射，九炮手他装得快，我拉得也快，打了六发。当时我就想这下坏了，连长非得批我不行，我怎么拉出六发？结果在战评会上连长还表扬我，说："李维波这个新兵，第一仗打得干净利索，虽然多打了一发，体现出来他打得很勇敢。"慰问团在那儿慰问，还编了一个临时小快板《学生兵第一仗》。从此我打仗，脑袋里始终是如何完成任务，打得利利索索，不能叫领导操心，所以在抗美援朝战争3年，年年立功受奖。

然而，身边相继牺牲的战友，让李维波认识到战争的残酷，也激发了他要学好本领、击毁敌机的战斗决心。

李维波口述：

在一次战斗中，二班被敌机F-84轮番轰炸，班长身受重伤，趴在那儿继续指挥战斗，牺牲在炮位上。二炮手上次战斗负伤不下战场，坚持参加战斗，这次他又由简易房走向阵地，接下了新二炮手继续战斗，也牺牲在自己的炮位上。这次战斗

李维波（上）和战友许振、段洪林

给我们初次上战场的学生兵一个很深的印象，我就知道军人的鲜血要洒在祖国需要的地方，我要学好真正的本领。

高射炮兵是被动作战，飞机不来你没仗可打，飞机来了你打不响炮，打不准炮，那就等于你高射炮兵没有用武之地。所以必须要走在飞机前面，白天30秒必须要打响炮，夜间1分钟必须要打响炮。

平时的准备比较苦，你比如说睡觉不能离开炮位，就在炮旁边阵地挖下去一个坑，铺上铺板，在那儿睡觉，就是比露天睡觉多了一个篷，一年365天不脱衣服。吃饭在阵地上，冬天零下30多度，飞机来了，饭碗一撂，上炮就打，打完了回来吃饭时，都冻成小冰粒了。所以高射炮兵在3年作战中，没睡一次安稳的觉，没吃一顿温饱的饭，这是正常的。

1952年12月28日，远方监视哨报告，西南方向发现敌机8架，飞向志愿军防区。战士们迅速各就各位，在前2架敌机进入志愿军火力范围后猛烈射击，首次将敌机击落在国内。

李维波口述：

那时候我是当排长，指挥全排打掉一架飞机，当时我们只知道这架飞机是冒烟了。第二天通化民兵和通化的公安部队抓到了这个驾驶员和飞机残骸，人证物证都在。驾驶员的名叫拉尔·卡麦隆，是美国高级飞行员，参加过第二次世界大战。就审问他，驾驶员就说了，我是在辑安（今集安）上空被击落的。驾驶员已经承认了在中国辑安上空，

这回美国没啥说的了，承认了。打掉这架飞机具有重要意义，所以上级派电影工作者到我们阵地拍电影，全团深受鼓舞。

这次战斗受到了东北防空军司令部通令嘉奖，李维波连队荣获"英勇奋战炮二连"称号。抗美援朝期间，李维波所在高炮团共击落敌机15架，击伤敌机17架，一直守卫着辑安和鸭绿江大桥。

李维波口述：

高射炮兵没有孤胆英雄，是群胆英雄。打仗至少是一个连队，通常情况是全团打一架飞机，只有全团一致，发挥各自的作用，才能取得胜利。

才锦荣

智勇双全领航员 国际友爱救儿童

英雄档案

才锦荣，1930 年 2 月出生，辽宁凌海市石山镇白刚村人。1950 年 10 月参军，抗美援朝出国作战，任志愿军第六十三军一八八师直属辎重营一连战士，参加过第一至五次战役，担任运输部队领航员，停战后参加朝鲜重建经济建设。

70 多年过去了，才锦荣对当年"雄赳赳，气昂昂，跨过鸭绿江"的情景记忆犹新。

才锦荣口述：

我们是夜间从鸭绿江那边过去的，上面搭的浮桥。上面都用一个一个这么粗的木头搭的桥已经炸坏了，正桥你走不了。那时候还有冰呢，一不小心一出溜就掉鸭绿江里了，那时候行军不许说话。

战争初期，敌人掌握制空权，志愿军给养运输只能选择夜间进行。茫茫夜色，山路蜿蜒，如何带领车队找到正确的方向，天生好琢磨的才锦荣自己摸出了一套办法。

才锦荣口述：

天乌云密布，就黑了，山一多看不到北斗星，我找一块巨石，在那儿有块巨石从山上滚下来的，就摸。阳面温度凉了，西面稍微有点热度。

敌人对志愿军运输线展开了疯狂绞杀，才锦荣所在运输车队成了攻击的目标，他们每天必经之路上布满了炸弹。

才锦荣口述：

上几十辆汽车停住了，咋整不敢过，你知道啥时候爆炸啊！我说能不能研究把汽车的网拿下来，两头拴上绳子套在炸弹上往下蘼？试了两回成功了。这不汽车道吗？把它套上了，这边绳子，那边绳子，这边是沟。二三十个人一蘼，骨碌下来了，骨碌沟里去了。

穿梭在抗美援朝战场运送物资，才锦荣学会了一些朝鲜话，和当地群众结下了深厚的友谊，他还曾经收养过一名落难的朝鲜儿童。

才锦荣口述：

朝鲜话叫邱国邦，中国话叫全基业，就这么大。见到我要吃的，我每次带吃的都给点儿。有一天我回来了，发现里面房子倒了，飞机炸倒的。邱国邦出来了，一个人哭，他奶炸死了压死了，他妈压死了，他爹参军去了。"阿玛尼"，孩子喊着"阿玛尼"，都死了。我说你在这儿哭啥，给点儿东西哄哄，哄哄得了，不干，非得跟我走。

就这样，全基业被才锦荣带回了部队驻地，并把孩子的情况报告上级，积极寻找孩子的父亲。

才锦荣口述：

待了不多日子，他爸爸是朝鲜人民军副排长，他回家一看家没了，房子也炸坏了，妈也死了。找翻译，找了好几个单位把我找到了，到我这儿领他这孩子，到地方给我磕头，磕头我就哭了。

一次偶然机会，才锦荣还与战俘对话交流，讲出自己对战争意义的理解。

才锦荣口述：

带来了美国一俘虏，问你们为谁打仗？不知道。俘虏问我们你们为啥打仗？我们一位干部说为了保卫祖国。俘虏说："你说不行，你是当官的，你得找一个士兵。"干部对我说："你来，答复答复他什么叫祖国。"我说："生我养我哺育我的地方就是祖国，中华人民共和国。什么是革命？革谁的命？就革你们的命，革你们侵略者的命，革一切反动派的命。"

满健

妙笔画长卷 编剧数《奇袭》

满健，1929 年生于湖南省桃园县桃花园镇金桥村。1949 年 8 月参军，成为第三十八军一一二师文艺宣传队的一员。1950 年 10 月抗美援朝出国作战，同年 11 月加入中国共产党。不仅在战勤工作中荣立两次大功，还创作出国画长卷《抗美援朝战争画卷》和我国首部军教片《奇袭武陵桥》。

第一次跟随部队参加战斗，满健主要做战勤工作：背伤员、掩埋烈士、运送弹药，他所看到的、经历的一幕幕触目惊心。

满健口述：

在我们突破清川江，过去以后，到中间往山走的时候，在山的中间，一片全是尸首。死的都是什么人呢？都是老头、老太太、小孩、妇女，一大片，都是朝鲜老百姓。敌人退的时候，整个一个村子全杀光了，血全都流在水沟里面。那个心情啊，如果我们不出来抗美援朝，敌人要打到我们中国来的话，我们的父母兄弟姊妹也是如此。

满健在烽火狼烟的战场上锻炼出坚强的意志品格，也积累了丰富的战斗经验，几次死里逃生。

满健口述：

第四次战役往回送伤员的时候，敌人一看到那儿有人路过，几发炮弹咣一下过来，把前面的伤员、民工全撂在那儿了。我当时扶着两个伤员，因为我们待的那个地方是死角，打不到，我就告诉伤员不能动了，我已经有经验了，他们是定期咣咣几发。等着停的时候，我说：赶紧走。架

《抗美援朝战争画卷》（局部）

着两个伤员走，正好走到快到中间了，听到炮弹又来了，我就把两个人从这个田埂上一米多高的地方，一下子赶紧压下去，我们三个一块儿就趴下去了，刚趴下去，上面就爆炸了。那个炮离我们不到 10 米远，因为我们在坎儿底下，炮弹的弹片就打不着我们，那个炮弹刚一爆炸，我又扶起两个人又使劲儿往前跑，就过去了，这种情况都不止一次了。

第四次战役快结束的时候，满健还不顾危险，为前线运去一车子弹。

满健口述：

汽车能开多快就开多快，我们开足马力往前开。敌人的子弹就从我们的头顶上飞，打得山坡上的火星子随着我们的车跟着跑。我们相信只要冲过去啥事也没有，就冲过去了，结果就这一车子弹正好送到阵地上。好多部队已经通知了，部队山头上都派了战士到道口那儿等着呢，我们汽车一到，大家高兴得全上去搬子弹、拿手榴弹的，一下子就整光了，这是我作为战勤最大的一次、最危险的一次。

丰富、感人的战争经历，给满健的文艺创作积累了丰厚的素材，他决心用手中笔，画身边人、记战场事。

满健口述：

因为我是搞文艺的，总是想着创作，所以就下了决心，就想回国以后一定写个电影，反映抗美援朝的。一个是画速写，一个是搜集素材，一个是看。原来我出国还带了个速写本，到了朝鲜以后很快本画没了，纸都没有了，找不到，就靠脑子记。只要走过的地方，大概的山川形貌我基本上都能记下来，而且到了一休息的时候，只要有战斗员在一块儿，我就听他们讲战斗故事。

从 1956 年开始，满健利用业余时间

开始构思起草，又找到著名国画家柳子谷，2 人历经 3 年，创作出一幅长达 27 米的国画长卷《抗美援朝战争画卷》，这是迄今唯一以横卷形式描绘抗美援朝战争的全景式画作。

满健口述：

这是 15 米，是我最初画的那个，是志愿军的政治部主任杜平给题的。我画的是整个志愿军的气势，不是画某一个局部。当时我定的就是一首交响乐，是一首长诗，而不是一幅画。

长卷刚刚完成，首长又让满健创作一部反映侦察兵题材的军事科教片。满健执笔担任编剧，用两个月时间，以第三十八军侦察支队深入敌后炸毁"武陵桥"、切断南逃之敌退路的经典战例为素材，由八一电影制片厂拍摄完成我国第一部军教片《奇袭武陵桥》，后来又改编成故事片《奇袭》。

满健口述：

这个英雄人物里面的英雄就是以张魁印作为原型。为什么写那么顺手？因为那个战争生活太熟悉了。八一制片厂高兴，也认为这是创新，头一次，之前没有这么拍的。那种以说教为主的军教片，战士不爱看，我就建议能不能用故事性的内容，来带动军事教育。

满健的这一创新，使这部影片影响很大。他用艺术形式表现英雄们不朽的功勋，可在《奇袭》的演职员名单里，没有看到满健的名字。

满健口述：

一开始导演就很明确，编剧就是满健。因为我那时已经定了，要去中央美院进修，我说就别落我的名了，我要离开部队，我得给部队作点贡献，就落部队的番号。过后有人问，当时为什么不要名？我说，牺牲的那么多同志谁要名了？谁要利了？

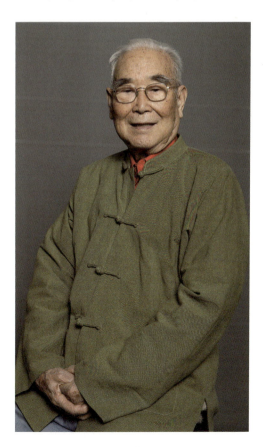

王有翰
鏖战马良山

英雄档案

王有翰，1930年4月出生，山西省盂县东关南村人。1945年9月参加八路军，1946年10月加入中国共产党。1951年2月抗美援朝出国作战，任志愿军第六十四军一九一师作战科参谋，参加过第五次战役、马良山防御、反击作战等，后任第六十四军参谋长、辽宁省军区司令员等职，1988年被授予少将军衔。

马良山是朝鲜半岛临津江以西的兵家要地。1951年10月，一九一师驻防不久，英联邦第一师和美骑兵第一师一部就展开进攻。志愿军没有一味死守，而是采取阻、打、藏、反相结合的战法，顽强阻击。

王有翰口述：

当时布置任务，主要是野战防御，不是坚守防御，就是要依托阵地，搞点支撑点式的纵深防御，再加上火力支援，就这样子节节抗击，看到哪个地方可以守，那就守下去，看到哪个地方守下去不合算了，那咱们就往回撤一撤。

10月3日开始，英、美军在6个炮兵营、120余辆坦克及大量飞机支援下，每天以一两个团的兵力，向一九一师防御阵地实施逐点、多梯队的轮番攻击。志愿军依托掩蔽部和野战工事，控制前沿阵地，扼守纵深要点，抗击敌军进攻。各要点均经反复争夺，阵地多次易手。

王有翰口述：

6号最激烈，敌人向216.8高地，进行了3个小时之久的连续炮击，大概发弹2万发，阵地削去了大概1米左右。这时七连就剩20多人，其他都伤亡了。副连

志愿军第六十四军在马良山阵地与敌军激战

长阎志刚组织了三面三个方向，前面两面，一个方面组织一个小组，叫三面铁墙。这三面铁墙打退了敌人 13 次的攻击，歼灭敌人 400 多人。看到敌人丢下的尸体，大概就有 90 多具。

从 5 日至 7 日，依托简易坑道式掩蔽部，"马良山英雄连"顽强抗击 3 个昼夜，击退英军 2 个营的 21 次冲击，毙伤 700 余人。战至 8 日，一九一师主动撤至黄鸡山、基谷里、白石洞一线，继续进行防御并寻机反攻。敌军以伤亡 2600 余人的代价，占领马良山。

王有翰口述：

原来准备很快就反击，但是后来抓到一个俘虏，这个俘虏报告，他们不是二十九旅，他们是英二十八旅，苏格兰皇家边防团。

原来，此前进攻马良山的英军二十九旅由于伤亡惨重，已由二十八旅换防，并在阵地前沿构建了大量暗堡、明堡、铁丝网，形成了支撑点式环形防御阵地体系。但他们自以为坚不可摧的马良山，不到一个月就变成了"伤心岭"。

王有翰口述：

第五次战役结束以后，这不咱们的炮兵师、坦克团，陆续进入朝鲜，大概他们第一次配合我们，我们也是第一次得到他们的火力支援。那当然很高兴了，从来也没有见过坦克，也没有见过榴弹炮，我们之前就是山炮、迫击炮，这个可以说有了一个炮兵师炮三十一团，还有炮四十二团一个营，还有 10 辆坦克，这不大大地鼓舞人心嘛。

11 月 4 日，一九一师以 3 个步兵营，

志愿军多兵种协同收复马良山阵地

16时05分，志愿军炮火向纵深延伸，步兵开始发起冲击，以正面牵制、翼侧攻击、分割包围、断敌退路的战法，不到3个小时，全歼英军1个营，重新夺回马良山阵地。随后，又击退英军4个营的多次反扑，巩固了占领的阵地。一九一师在马良山防御和反击作战中，各兵种密切协同，共毙伤俘英、美军4400余人，击落飞机14架，击毁坦克6辆，有力地稳定了朝鲜战场的西线战局。

在57门火炮、10辆坦克支援下，向马良山实施反击作战。15时开始炮火准备，摧毁英军大部工事。15时40分炮火假转移，将敌人诱出工事，然后突然实施炮火覆盖，予以大量杀伤。

王有翰口述：

大致研究了这么一个办法——假延伸。15分钟炮击完后，不在他阵地上打了，把火力向纵深上打。一般这个情况下就判断步兵上来了，炮火掩护嘛，所以他们就出来了，从坑道里钻出来到战壕里面准备和我们作战。结果呢？这是我们一个妙计。一招啊，他都出来了，又一次集体射击。没有想到这一次，火力打得他们够呛，杀伤太大了。直瞄射击10辆坦克也是很厉害的，近距离不到1千米，一打一个准，对敌人的地堡、地面工事破坏很大。

王有翰口述：

兵力上、火力上我们都是弱势，为什么战斗意志那么高？这是部队的传统，咱们解放军的传统。不怕打仗、就想打仗，一天不打仗憋得难受，打仗打不上主攻也难受，就是这个传统。再就是，有一个必胜的信心。我们不管多么艰苦，但是一定会胜利的，上下都有这么个决心、信心。

王有翰后来曾任第六十四军参谋长、辽宁省军区司令员等职，1988年被授予少将军衔。2021年7月，因病在沈阳逝世，享年91岁。

白清林

敢打会打的"大满贯"连长

英雄档案

　　白清林，1927 年 10 月生于山东省沂南县高阜庄。14 岁任儿童团长，16 岁任游击队长，1944 年加入中国共产党。1945 年参军，抗美援朝时任志愿军第四十军一一九师三五五团五连连长，参加了第一至五次战役，以"敢打会打"闻名，后历任团长、师长、副军长、副司令员等职。

　　第一次战役时，白清林担任机枪连副连长，不久就打响了第一仗。

　　白清林口述：

　　就在立石洞，正好伪八师上来两个团前进，他们进攻。我们一一九师也是两个团，也是前进。正好一个团对一个团，结果是把敌人打翻了。

　　此后，白清林被调到五连当连长，参加第二次战役。

　　白清林口述：

　　第二次战役参加的第一仗是围攻苏民洞。当我团晚上由苏民洞东南、西北实施钳形突然攻击时，敌人根本没有准备，我们狂甩手榴弹，四下开枪扫射，战斗到拂晓，美军被打得狼狈不堪，乘着夜黑逃到山里。随后，敌人虽然利用空中优势组织疯狂反扑，重新占领了苏民洞，但在我们师 3 个团的强大围攻下，他们再次溃败，扔下上百辆拉着弹药、被装、食品的汽车向南逃窜，几十个担任后卫的美军士兵被俘。

　　第三次战役中的东豆川阻击战，是白清林在朝鲜战场经历的最激烈、最紧张的一场战斗。

白清林口述：

穿插的时候，我们的二营五连前卫，东豆川后面拐弯这个地方，敌人正是四路下来，你怎么能想办法把敌人卡住？我这一个连才百八十人，这个时间怎么整呢？营长左纪田说："你来把敌人卡住。"我说："好，后面跟着我来。"下去以后就过这个江，江已经都封冻了，就冲过去了，从敌人四路当中，沿着中间就冲过去了。我们五连冲下去了以后，硬是把敌人的队形打乱了，然后把他后面的部队扯住了。我就在拐弯的这边占了这个山，小山头不大，但后边是大山。我一占领这个山以后，我就有了依托了，整个敌人也不敢走了，这样把敌人整个卡住。卡住以后，我发现他前面跟我对着打，后面他上山了。我一看不行，一上山这不都跑了吗？我说："攻！"攻着攻着，前面一个铁路那个涵洞，他掩护着，他封锁着，我就赶快过这个桥，过去以后好切断他的退路。两边机枪一掩护，从桥顶上冲过去，完后把敌人卡住了。这一天可以说是我战斗最激烈，也是我最紧张的一仗！

在第四次战役砥平里战斗中，五连与敌军对峙，掩护全团撤退。

白清林口述：

前一天敌人进攻，我们五连和敌人有接触，如果我们从前面撤，容易被敌人发现，五连始终和敌人对峙着不动。后面的部队都撤了，天亮以后我再撤。我向下走的时候，敌人发现了以后就打炮，空中炸弹在头顶上炸。

撤下阵地还没休整，五连又接到参加

第五次战役反击战的任务。

白清林口述：

开始说是我们不参加第五次战役了，可是隔了一天，说我们还要参加，最后传达不但要参加还要扛大旗。扛大旗是什么意思？那就在主要峰上打。怎么扛呢？四十军和三十九军必须要突破敌人的防御，插到敌人的后方。加平是敌人的一个战役中心，有美国的两个师还有法国的一个旅，附近的战役预备队还有两三个师。三十九军和四十军插到加平以后，以战役纵深牵制敌人的预备队，一旦正面突破以后，他如果增援，我们这两个军就从侧后来攻击他，这是彭总的决定。

到了加平附近，那个地区需要占领一个主要山头，叫剑锋山，当时的任务是五连要迅速占领剑锋山。

凭着这种敢打硬仗、敢扛大旗的精神，白清林和战友们守住阵地，给予敌军沉重打击。

白清林口述：

对我们来说，你得想办法敢打会打。敢打的问题是我们制胜的一个基础，也就是这个时间不怕死不怕苦。表现在哪儿呢？就是敢打，你不管敌人强不强，只要上级叫我打，我就打！你一个连，我一个班，你叫我打我就打。不管你什么敌人，我就是一个敢打。我和阵地共存亡，就是这个劲儿，就是准备死、准备牺牲。敢打会打，靠什么？人家美国鬼子有飞机大炮，我们靠小米加步枪，靠的是一不怕苦二不怕死，就是和美国鬼子见个高低，具体打起来我们想办法就是避免伤亡，避免伤亡的办法一个是战斗队形，指挥时机，战术掌握，再一个会做工事，我们和敌人短兵相接，我们有优势。

志愿军第四十军向敌军阵地发起进攻

佘树清

和 "毒虫" 作战的防疫战士

英雄档案

佘树清，1936 年 5 月出生，山东烟台人。1951 年 6 月参军，同年 11 月，作为后勤部防疫保健科防疫队员跟随第十五军抗美援朝出国作战。在特殊的战场上，他用自己的专业知识与 "毒虫" 作战，为夺取胜利做好卫生防疫保障。1961 年 7 月加入中国共产党。

1952 年 4 月的一天上午，敌军的一架飞机低空投下一枚炸弹，正落在佘树清所在部队驻地的空地上。

佘树清口述：

这个弹有多大呢？比煤气罐稍大一点，就类似那样的，但是它没有爆炸，它不爆炸。大家都奇怪，就去看，为什么这个炸弹不炸？去了一看，它壳都打开了，是铁片儿的，崩开了，下边都是分层，一层一层装的，里面苍蝇蚊子都出来了，往外飞，这才发现是一个细菌弹。

细菌武器不易侦察、检测和防控，会造成大量的非战斗减员，必须立即清除。

佘树清口述：

我们大家就穿上防护服，戴上防毒面具，全队出动，一共 30 多人，把它围起来了。围起来以后，先撒 666 粉，完了再喷敌敌畏，最后再烧，把那一片儿全给它烧了，就这么解决的。

因为发现及时、处置得当，防疫队成功阻截了敌人的这次细菌攻击，也为志愿军反细菌战提供了宝贵经验。

1952 年年初，志愿军开展了灭虱运动。

佘树清口述：

规定把棉衣脱下来，把那个 666 粉撒到棉衣里边，还有缝儿，把那个粉再撒到缝里边儿，达到灭虱的目的。最好的方法是当时把裤腿扎起来，袄袖扎起来，憋它，憋它一段时间，这个虱子就灭了。

消灭虱虫的有效办法，是搞好个人卫生。在艰苦的战争环境中，洗澡是件奢侈的事，但佘树清和战友们愣是弄出个简易澡堂，经验还在全军推广。

佘树清口述：

把几个汽油桶弄上去，下边像老百姓烧炕那样把它架在上面，这底下像烧炕一样，把水就烧热了。烟怎么解决？这个就要动脑子了。这个门是在后边开，那边是敌人，后边是我们的阵地，那么这个烟出来以后必须往回走，脑筋都动在这儿，把这个烟弄出来叫它往回走，敌人发现不了。那么怎么办呢？这不是像炕一样的嘛，后面弄几个桶，叫它顺着这个墙，慢慢向上挖开，从我们阵地的草皮底下出来，又看不到火，又看不到烟。

1952 年 11 月，佘树清接到了为上甘岭主峰阵地坑道消毒的任务。此时战事激烈，要走进坑道，首先要穿越敌人飞机、大炮和地面火力组成的死亡封锁线。

佘树清口述：

我们两个背上武器，还带了一瓶敌敌畏的消毒液，一个空喷雾器。这个时候老美打排炮，从前面打到山上，就这么一排排打着，多少距离不知道，反正一排排的，打不打着人他不管，反正他就按照定点往上打。我们就插着这个空子往里钻，从营部到 537.7 高地这段距离是交通壕，这个时候老美的飞机也赶上来打，封锁交通壕，正好把我打在那里边了。老美的尸体埋在里面，就一只腿露在外面，最后我咬牙摸他那个脚爬上去了。

爬上去以后我进了坑道，就感觉太叫人悲伤了，太悲伤了。我第一眼看到的就是，战道里面很挤很挤，因为人多，挤得满满的。另外坑道里面有遗体，有伤员，还有战斗员。战士们撤到里边，因为大炮轰击刚结束，我就插空，比如说战士有坐着的，有受伤的，插着中间的空，就往那个坑道墙上打消毒液，不能直接往人身上打。

佘树清完成主峰阵地的消杀任务，为夺取上甘岭战斗的最后胜利做好了卫生防疫保障，而战友们的英勇精神也成为激励他一生奋斗的不竭动力。

韩德彩

击落美军双料王牌飞行员的空军英雄

英雄档案

　　韩德彩，1933 年 7 月出生，安徽凤阳人。1949 年 3 月参军，1951 年空军航空学校毕业分配到空军第十五师四十三团一大队。1952 年年初参加抗美援朝，共击落包括美军双料王牌飞行员在内的 5 架敌机，1953 年加入中国共产党。先后荣立一等功 2 次，获二级战斗英雄荣誉称号，荣获朝鲜民主主义人民共和国一级国旗勋章、二级自由独立勋章及军功章。

　　1950 年，韩德彩被选作空军飞行员，尽管文化不高、没有经验，但他学习刻苦用功，很快掌握了米格 -15 战斗机的结构、性能、特点以及操纵使用、故障判断和应急处置的要领，在全团第一个实现单飞。

　　韩德彩口述：

　　我们部队去参加抗美援朝的时候是1952 年 1 月 5 号，到的安东南面的大孤山，在地面草坪上铺了一个钢板，野战机场。那时很年轻，飞行技术也很差，因为刚飞，就在我们这种飞机上大部分飞二三十小时，连什么特技都没有飞过。经常飞的半滚，这样拉上来，筋斗然后再拉上来，翻过来，这个作为飞行员来说基本的动作，像地面部队立正、稍息一样，这个动作都没飞。

　　尽管技术还不过硬，但韩德彩和战友们的信心却非常坚定。

　　韩德彩口述：

　　美国人吹得厉害，什么世界王牌，他们吹得不可一世，他就觉得了不起。在我们看来，毛主席讲一切反动派都是纸老虎，美帝国主义也是纸老虎。敌人是侵略者，侵略者必败这是历史的规律。我们是革命者，抗美援朝保家卫国，这就是我们当时最坚定的东西。坚定信心，我们能打败美国鬼子，当时就这样想的。

1952 年 3 月 24 日，韩德彩作为年纪最小的飞行员，终于迎来了第一次空中战斗。

韩德彩口述：

也是从孤山起飞以后，从安东上空沿着海边向清川江飞去。到清川江上空，这时候战友攻击前面的 4 架敌机，后面 4 架敌机又向我们前面的攻击机发起攻击。

说实在的，第一次打仗，看到敌人是这样上来的，我感到特别紧急，对敌人的前面就开了几炮。开几炮的原因就是把敌人赶走，僚机就是保护长机。我当时一开炮，炮弹一下子打出一个大火球，从敌人前面过去了，敌人四个就转弯，我马上转过来拉到前面来，前面这第一个飞机，我用超近距直接就开炮了，一开炮之后就看着炮弹都打到敌人左机翼上，结果把左机翼打断了，这飞机就扑棱扑棱掉海里了。掉了之后我高兴得不得了，看到自己打到飞机了。

狭路相逢勇者胜，勇者相逢智者胜。韩德彩初生牛犊不怕虎，只身与 4 架美军战斗机展开鏖战。

韩德彩口述：

我向这边一看，看到敌人对着我来的，距离在 100 米以内，我就压了一个坡度，向后拉杆，实际上做了一个上升侧滑动作。我这么一做敌人就开炮了，我看到炮弹从我左机盖上，很多像火箭一样过去了，过去了以后，我知道我的飞机可能哪个地方负伤了，好像撞了一下。我一边上一边摇，敌人过来的时候，距离太近，从机翼底下窜到我的前面去了。我转过来，你小子往哪儿跑，我当时就认为你跑不了，接着我就三炮一起打，一打炮敌人飞机就解体了。这时听到了地面指挥所喊我回去，我当时的代号是 815，说 "815，815"。我从进入攻击到现在打掉两个飞机了，这段时间有 10 多分钟，没听到过说话，精力集中到这个地步了。

初战告捷，韩德彩和战友们信心倍增。1953 年 4 月 7 日，韩德彩和长机在执行掩护机场任务时，突遭敌机偷袭。为掩护长机脱险，韩德彩不顾油料即将耗尽的危险，勇猛地冲向敌机。

韩德彩口述：

我们共产党人就是能够互相掩护，大家都知道保护战友，比打敌人更重要，更光荣。这边是我的长机，我在这边，敌人速度很快，我们速度很慢，我们减速落地，速度是 500，敌人速度 900 左右，很快就

接近我们的飞机了。我说："长机不行就快跳伞……"话都没有完全说出来，敌人就开炮了。我的长机没跳伞，他拉起来了，敌人这么跟着，我在后面也过来了，3个加一起距离大概 600 米，都很近的距离。敌人看见我，发现我后面的飞机跟着，他马上做了这么一个向下动作，我的长机走了，我在后面，我的高度比他低，我就向上拉，增加高度。接着他又翻过来，我就比他高，我准备攻击，还没有来得及瞄准，呼啦敌人又转这边，一下子把我甩这么大的间隔。

那时候不知怎么劲头那么大，我就拼了命那天，打不下他，我肯定回不来。一看这样不行了，我就拼命拉杆，按照我们的飞机性能是拉不过敌人的，这个拉到前面，光环一缩就开炮，炮弹打到这边，一打敌人就跳伞，飞机着火了，接着就看到出来一个黑的东西，我就喊了一声："敌人跳伞了，快点抓俘虏！"我就对着机场落地，一落地，飞机没油了，我再有 15 秒钟回不来，我就进不了机场。

敌人跳伞了，下面的人都看到了，过去在机场上看到都是敌人打我们，这次看到了我们打敌人，看到敌人中弹跳伞，那机场有 1000 多人都跳起来了。

事后韩德彩才知道，他击落的是美空军第五十一联队上尉哈罗德·爱德华·费席尔。按照国际惯例，在空战中击落 5 架敌机的飞行员，就被授予"王牌飞行员"称号。费席尔曾击落米格战机 10 架之多，是双料王牌飞行员。

当晚，两人第一次见了面。

韩德彩口述：

他跳伞负伤了，叫什么东西刮了似的。站起来之后，他低着头，就没敢看我，我感觉他浑身在发抖，我们俩什么话都没说，因为语言也不通。

后来，费席尔与韩德彩一笑泯恩仇，结下了半个多世纪的友谊。

韩德彩口述：

他就讲我的技术比他高，我说不是的，论技术我没有你高，我说我在米格 -15 飞机上试飞不到 100 小时，他说我在 F-86 飞机飞有 500 小时。我打下你不是因为技术问题，是你做错了动作。他真正发挥 F-86，我打不下来他，这是真的，因为飞机性能不如人家，这个飞机没有加力，他们加速比我们快，我们打仗最后的胜利是靠人。

到 1953 年 4 月，韩德彩先后击落 5 架敌机，成为世界上喷气式战斗机最年轻的王牌飞行员。

韩德彩口述：

参军就意味着牺牲，意味着奉献。我在 1968 年写过一首诗："忠心为国是军人，疆场杀敌建奇勋。面淋弹雨猛如虎，怎问生命值几文？" 你给我多少钱我冲锋？那部队还能打仗吗？

还有一首歌，我唱给你们听吧：

"歌唱吧同志们，

歌唱吧亲爱的同志们，

我们为胜利歌唱，

我们为志愿军歌唱，

英雄们战胜了凶恶的敌人，

英雄们打开了胜利的大门。

勇敢地跨过那鸭绿江，前进！

勇敢地跨过那鸭绿江，前进！"

程茂友

日记里的峥嵘岁月

英雄档案

程茂友，原名程忠孝，1930年11月出生，河北遵化人。1945年2月参加革命，1945年5月加入中国共产党。抗日战争时期，参加过冀东游击战、地道战、地雷战。解放战争时期，参加过辽沈战役、平津战役、渡江战役、衡宝战役。抗美援朝时期，担任志愿军第四十六军通讯队队长，参加过保卫西海岸战斗、三八线防御作战、上甘岭战役、金城反击战等。先后荣立大功1次，小功7次，三等功3次。

从奔赴抗美援朝战场那天起，无论战斗多么艰苦，程茂友都坚持读书学习、记日记。

程茂友口述：

我们走过鸭绿江桥的时候是晚上，当时我好奇就数了一下，这个江桥有多长，805步，我这个日记本上都记着呢！

日积月累，日记里的内容就成为一部志愿军部队的军史，记录上甘岭等战役的篇章，满是气壮山河的英雄气概。

程茂友口述：

他是个班长，名字我都记着，叫罗连成，当攻上坪村南山那个阵地以后，他两次负伤。快到主峰了，结果敌人的母堡里边的机枪打出来了，战士们冲锋上不去了。这个时候他已经3次负伤，肠子流出来了。他在最前头，离地堡最近，最后他看战友们上不去了，被封锁住了，他就把这个肠子塞吧塞吧，塞到肚子里去了，猛地爬着上去了，拿着炸药包把敌人碉堡给炸了，跟敌人同归于尽了。

还有一个王成式的人物。我们在打马

程茂友在抗美援朝战场上写的两本日记

踏里东山的时候,在打退敌人7次冲击后,牺牲了两个报话员,报话机被打坏了,我说的"向我开炮那个",他叫谢国藩,就剩他一个报话员了,他的报话筒也打坏了,手指也受伤了。怎么办?团指挥所什么消息也不知道,无法进行指挥,步炮协同不了。危急时刻,谢国藩从敌人地堡中找到一台美国报话机,成功联系上了指挥所。在战斗到只剩最后俩人的时候,敌人又一次攻了上来。他就在报话机里喊:"向061开炮!"061是他所在阵地的代号。

再有一个副排长叫湛木森,他也是两次负伤,腿和胳膊负伤以后继续指挥战斗。当冲不上去的时候,快到顶峰了,敌人的一个母堡机枪就把他们封锁住了,他一下子扑上去,把敌人的这个重机枪那个枪管给攥住了,就连自己人整个身子都趴上去了。打扫战场的时候,他这个手啊都烂了,烫的,他的胸啊,都打没了,他还紧紧地攥着敌人的这个枪。结果部队冲上去了,

把敌人消灭了,都是一等功,战斗英雄,像这样黄继光式的人物太多了。

在战场上的志愿军战士,都做好了随时可能牺牲的准备。程茂友在他的日记本扉页,就曾写下一段"遗嘱"。

程茂友口述:
那时候每个抗美援朝的战士过了鸭绿江,为了祖国,那都是抱着以身许国的这个思想。为了祖国,为了和平,为了新生的中华人民共和国。刚解放,大家的意志是很坚强的,我们战士在出发前总攻前都有一个宣誓。

1953年夏天,程茂友所在部队参加金城反击战,需要在前指和主攻部队之间架一条电话线,但这必须通过敌人炮火密集的三道封锁线。冒险架线,几乎有去无回。程茂友急中生智,想出了挖防炮洞的办法。

程茂友口述：

因为电线总炸断，炮不断地打，后来我们就在三道封锁线的旁边，找了一个安全地，靠阴面的山，挖了一个掘开式的洞子。上面搪点木头，搪点草，就在那里住下，也算我们的一个小指挥所似的。然后我们就再沿着炮火封锁区挖防炮洞，个人隐蔽的。

防炮洞不像我们老家河北的黄土地那么好挖，这都是鹅卵石、碎石头，你挖它站不住。最后我们想办法，挖个丁字形，上面再弄点木头，把它搪上，再搁上草、石头。

我们挖的几个防炮洞，几十个人花了1天1夜，最后挖成了。因为敌人还在不断地打炮，我们是在敌人的炮火不断地爆炸情况下挖的，随时炮弹来了你就得卧倒，等它爆炸完了再继续干。有一次我和小报话员都被炮弹把这个沙土给掀起来，给盖上了。他以为我牺牲了，喊我"队长"，我也没答应，因为当时我耳朵没听到，那小子还哭了。

等到总攻前，我们的报话员就撤到那些洞子里去了，那洞子里面不好受啊，要待4天4夜。那线大约是200多处，断了69次之多，没超过20分钟全部接通。为什么我们会受到全军通报表扬，就是因为我们总攻开始以后保证部队指挥了。这指挥全靠人在那儿，外面炮一爆炸，出去就看电线，断了就接。我们一三三师有个报话员还立了个一等功，因为他最后带的那个线不够了，差一段，怎么也接不上，他

就用两根手指头捏着，用人体通过了电流。

尽管战火无情，但是全国人民的支前热情和慰问团到前线的走访慰问，给志愿军战士们极大的鼓舞。程茂友在日记本里珍藏着祖国人民给他寄去的照片和慰问信，这些都成为他和战友们继续前进的巨大动力。

程茂友口述：

有好多签字呢！巴金的，这是他写的一句话："祖国人民的心永在你们身边。"

上学时我叫程茂友，一当兵改名为程忠孝，为国尽忠，为民尽孝，就两全了。那时候一提祖国，心情不一样，对祖国是真爱，把自己已经融入到祖国的名词里头了。

抗美援朝征战4年，程茂友留下了两本厚厚的日记。离休后，他又积极参加关心下一代"五老"英模宣讲团，被评为"感动沈阳人物"、"最美沈阳人"和辽宁省"最佳读书人"。2019年，程茂友作为老一辈军队英模代表，在北京参加新中国成立70周年庆典。

程茂友口述：

我就4个字，"感动振奋"。感动组织给我的这份光荣，再就感动和老一辈革命家一起享受人民的致敬，享受至高无上的荣誉。振奋就是我们国家的发展，70年的时间并不长，但是我们国家的发展举世无双。

潘成发

拼刺刀 炸暗堡 轻伤不下火线

英雄档案

潘成发，1930 年 8 月生于广西桂平。1950 年 1 月参军，1950 年抗美援朝出国作战，作为志愿军第三十九军一一六师三四六团四连战士，参加了第一至五次战役。在高旺山战斗中，他在战友牺牲、自己负伤的情况下，用手榴弹炸毁了敌人的暗堡，为部队夺取胜利铺平了道路，1953 年 9 月加入中国共产党。

在云山战斗中，潘成发和战友们不怕牺牲、快速冲锋，与敌军展开了短兵相接的拼刺刀，有效压制了敌军武器的火力优势。

潘成发口述：

敌人从山洞就拿刺刀，拿刺刀就刺我，然后我把他刺刀拨一边。我那个枪有刺刀，我拿刺刀把他刺刀拨一边，然后就捅了他，从他喉咙捅下去了，这就完了，但是我不捅他，他捅了我，我也就完了。

战斗中，潘成发被敌人的子弹打伤了小腿，可他仍然坚持不下火线。

潘成发口述：

"轻伤不下火线，重伤不叫苦。"那时候我这里子弹打上了，没有麻药，在这里边灌辣椒水，4 个人摁着，把子弹头拿出来，为什么灌辣椒水？一是消毒，二是止疼。

1952 年 10 月，潘成发所部在高旺山一带驻防。第二届祖国人民赴朝鲜慰问团来到一线阵地慰问演出，突遇敌机空袭，慰问团 1 名成员牺牲。潘成发和战友们悲愤填膺，决心让敌人血债血偿，对防守高旺山高地的加拿大皇家伞兵连发起猛烈进攻。

志愿军第三十九军一一六师攻克云山

潘成发口述：

打仗前都下决心，剩一个人也要冲到高旺山上。我们把屯兵洞挖到他们阵地前面 100 多米的地方，一个人一个坑，一个隐蔽部，就在那儿蹲一天一宿，敌人说话我们都能听到，听到之后不准说话。到晚上 7 点多钟，3 发红色信号弹上天了。炮兵开炮，炮弹把阵地前面的所有铁丝网都炸烂了，把所有的明碉堡都炸掉了。

潘成发和战友们跳出掩体，向着敌军阵地发起了冲锋。就在这时，敌军的一个暗堡喷射出火舌，冲在前面的战士们倒下了。潘成发和其他 3 位战友组成爆破小组，匍匐前进、接近暗堡。

潘成发口述：

炸碉堡小组就是带 3 种武器，一个冲锋枪装满子弹，第二个是爆破筒，第三个就是手榴弹。第一个人拿爆破筒上去爆破，爆破筒被推出来，东西用废了，都炸完了。第二个拿爆破筒上去，也是捅下去，爆破筒又捅出来，他也同时牺牲了。第三个就到我了，我一想啊，再用爆破筒那就不好使了，所以我就把手榴弹连接上。我一翻身，脸上中弹了，但是没打中要害，擦破了皮，一摸有血。我向前爬几步，一翻身，就把手榴弹扔进去，碉堡整个爆炸了。

12 分钟结束战斗，加拿大一个精锐加强连被击毙 233 人，被俘 14 人，复仇之战给敌军毁灭性打击。

潘成发 1953 年回国，后在海城干休所安度晚年。2020 年 10 月逝世，享年 90 岁。

田光秀

战场上的百灵鸟

田光秀，1936 年 10 月生于湖北省武昌县。1949 年 9 月考入第四野战军中南部队艺术学院舞蹈系，1951 年 2 月抗美援朝出国作战，成为志愿军第三十九军一一五师宣传队的一名队员。她不顾危险，多次深入前沿阵地为战士们慰问演出，用歌声鼓舞士气，被称作"战场上的百灵鸟"。

1951 年，14 岁的田光秀一踏上朝鲜这片土地，就感受到战争的惨烈。

田光秀口述：

当时见到大哥哥，看到我说："小田，我刚掩埋烈士就不跟你握手了。"我问："谁啊？""一级英雄班，他们都打光了，班长是倪祥明，我埋他的时候，他嘴里还含着敌人的一只耳朵，眼睛死死地瞪着。"

大哥哥还给我讲黄继光、邱少云的故事，当时在我幼小的心灵就很受触动。我怎么办呢？我一定要好好唱歌，把歌唱好，用我的歌声鼓舞战士们的士气，让他们多消灭敌人，打胜仗。

1952 年 6 月，宣传队接到命令，组织一个小分队到老秃山下的战斗连队去慰问演出。

田光秀口述：

这次慰问很惊险，要路过前沿阵地。本来没有我，他们不让我去，嫌我小。第二天早上出发的时候，我早早地就在门口等着，后来就跟在他们后面跑，指导员说："那就带着小田吧！"

行进途中，小分队过河时遭遇敌机轰炸，战友就牺牲在她眼前。

田光秀口述：

我们先到汉江的驿古川支流，这个支流在河边上有个浮桥可以走的，可是下了两场大雨，河水就涨了。工兵战士非常聪明，就弄一个长长的钢索，这头就放在这棵大树上系着，我们就要过河，过河是一个铁壳船，工兵撑着那个棍，他们说小同志一定要拉住那个钢索。我们快到了，突然看到天上有吊死鬼，就是敌人的校正机，这个飞机能调动飞机来打我们，我看到那个校正机刚转了一圈，没有一会儿的工夫，哎呀，咣的一声，撕肝裂肺的那个巨响。我都一愣，等睁开眼一看，钢索中间炸断了，刚才跟我说话的那个战士他的脑袋也破了，后背流着血，哗哗地直流。去的还有一个关干事，他的左腿炸断了。

历经生死磨难，田光秀跟着小分队终于在天黑时赶到了慰问连队。

田光秀口述：

战士们一见到我们可高兴了，战士真可爱，蹦得可高了，说你们来了，就组织开联欢会，给他们演出。演出开始，我们有什么节目？有开场的锣鼓，还有对唱，还有相声，还有快板，还有东北二人转。一开始就咣哩咣当的，外面有那个炮响啊、子弹什么的，连长和指导员说："还挺好，这是我们的开场锣鼓。"挺乐观的，还把枪炮声叫开场锣鼓，不用我们自己敲锣打

鼓了，完了就开始了，开始我就独唱，我唱的这个歌是《王大妈要和平》。

"杜鲁门你别发疯，妇女们一样要和平。你要是再把人来杀，我们捉住你问的问来审的审。我们捉住你，全世界人民饶不了你。全世界人民团结起，保卫了世界和平，坚决消灭你！"

我当时就是唱的这个歌，他们可高兴了，鼓掌说："再来一个，再来一个！"

第二天晚上，田光秀和小分队又赶到志愿军最前沿一处暗火力点慰问演出。

田光秀口述：

这个暗火力点就在半山腰，离敌人不到 50 米，就一个副班长带两个战士，那个洞就是 5 平方米大小。通讯员带着我们 5 个人第二天晚上，好像夜里摸去的，我们给战士带的特殊礼物就是手榴弹。我们就说："同志们辛苦了。"还得小声说，他们就点头。我们有的人还带着乐器，有的乐手就要把那个胡琴的套子摘下来。看到这个情况，副班长马上就按住了，他说"指导员"，他就用嘴努了一下，这洞顶上就是敌人，那意思就是不用了。他就指着我："这么小的女同志到这么危险的地方来，我们就已经很感动了，你们坐一下。"我小啊，我就蹲在石头缝儿那个地方，特别安静啊。后来我就拽着副班长的那个衣袖，我说："班长，我小声给你唱个歌？"

副班长眼圈有点红了，他就点头。他这一点头，我就开始唱了："紧敲那个板来哟，慢拉琴，我来唱唱光荣的志愿军……"

田光秀在阵地上为战士们演唱《王大妈要和平》

其实我们这一场演出，是在美国鬼子敌人鼻子底下的一场特别演出。我们演唱完了以后，就把手榴弹送给副班长，手榴弹上面贴了一张红纸，上面写：希望它在敌人群里开花。

他们就赶紧把特别的礼物揣到怀里，副班长就表态了："请你们转告师首长，我们一定拿这个手榴弹多打胜仗，消灭敌人。"他们说的时候，副班长都是眼含着眼泪，小战士都是表决心，意志很强，决心很大。不到 20 天，在第三次攻打老秃山的时候，这个暗火力点起到决定性的作用。因为他们去侦察，不到 10 分钟就攻上去了，把敌人一个加强连全部消灭了，打了胜仗。看来我们这次慰问演出还是出力了，作出贡献了，我们宣传队集体立了三等功，我个人也立了三等功。

田光秀不但在慰问演出时表现勇敢，在抢救伤员和运送物资时也积极踊跃，不甘人后。

田光秀口述：

扛粮食有大袋儿小袋儿，我就扛那个小袋儿，小袋儿也有二三十斤，扛着走夜路，我得过夜盲症，没有油水，眼睛总是发黑。那天晚上走 30 里路，那不是平道儿，高一步洼一步，弹片、水啊什么都有。走了一会儿，那粮食扛在肩上，拿不住了，发麻了，往下出溜。这不是袋子吗？我就用嘴咬住袋子的角，咬住角不是省点劲儿，它不往下滑，一会儿累了我再把袋子横着，架在脖子上走，反正我不示弱，可要强了，嘴唇都出血了，我就学习战士硬骨头精神。

14 岁到 16 岁，我的少年时代是在朝鲜度过的。这 3 个年头，我终生也不能忘。我经过战争的洗礼，我经过战争的考验，我经过战争的磨炼，我的意志特别坚强，我也很乐观。

朱贯中

学英雄演英雄的舞蹈兵

英雄档案

　　朱贯中，1934年2月出生，河北省安新县人。1949年6月参军，1951年4月加入中国共产党。1951年4月抗美援朝出国作战，担任志愿军第三十九军文工团团员，他创作《汽车兵舞》等慰问演出，鼓舞士气，荣立三等功1次。

　　1952年春节，团领导让朱贯中带领一个文艺小分队去慰问一一六师坚守在116.9高地的战士们。

朱贯中口述：

　　这路上要经历3道封锁线，可以说是死亡线，必须要在一两分钟、两三分钟之内穿过这个开阔地，我们那时候年轻力壮啊！

　　到了116.9高地以后，我们开始慰问。那时候我是说相声的，我虽然本身是跳舞的，但是什么都会干，"一专三会八能"。慰问完了之后啊，战士们非常高兴。然后我们也是给战士们送光荣弹、手雷。战士们向我们表态，说一定要用这些武器，消灭更多的敌人。最后他们把缴获敌人的3个尼龙避弹衣请文工团带回去送给军首长。

　　1951年，第三十九军涌现出一位英勇的汽车兵，他的事迹让朱贯中深受鼓舞，萌生了一个创作英雄汽车兵舞的想法。

朱贯中口述：

　　我军出现了一个汽车兵英雄叫廖伯卫，他的事迹，就是他开个嘎斯车，运送弹药，结果被敌人飞机火箭弹的弹片打穿了气管。打穿气管那怎么活啊？怎么呼吸啊？现在想起来，这都是不可想象的事。结果他就凭着坚强的毅力，把这车弹药送到了目的地，荣立一等功。这个事情对我的心灵震动很大。我是搞舞蹈的，那个时候谈不上什么创作水平，但是这件事情感动了我，我就想，我别的不会，我能不能编个舞蹈歌颂他呢？后来我就努力啊，琢磨想办法啊，真就编成了一个汽车兵舞。这个舞蹈高潮的一段，就是敌人的飞机来轰炸，打到他气管以后，他怎么顽强地坚持，最后把车开到目的地，这是高潮。我记得我设计了上下蹲跳的一个动作，他不是走，他开车嘛，表现他顽强的坚持，最后完成了任务。

在当时，1950年、1951年来说的话，舞蹈艺术水平处在模拟生活的原始阶段。我这个舞蹈呢，已经升华到用舞蹈艺术来歌颂英雄的高度，这是一个很大的飞跃。给部队演出以后，效果特别好。

1951年年底至1952年2月中旬，志愿军第三十九军文工团舞蹈队共15人，

赴朝鲜人民军协奏团学习舞蹈。这次学习，不仅大大提高了舞蹈队的整体技艺水平，还与朝鲜同志结下了深厚的友谊。

朱贯中口述：

那个时候人民军协奏团所在地被炸得一塌糊涂，都是破楼、破房子，吃饭什么的都很困难。我们在那儿学了两个多月，就在一个炸了一半的楼里，在这2层楼的洋灰地上学舞蹈。人民军的男教员、女教员对咱们特别尊敬、特别好，就是说你想学啥我都教给你。朝鲜的舞蹈艺术除了朝鲜民族舞蹈很强以外，他们大部分也是学的苏联舞蹈，最后教给我们苏联海军舞、苏联士兵舞，还有匈牙利舞。那时候咱们都是土包子，什么匈牙利舞，这都是没听说过的事，结果到那儿大开眼界，学了好几个舞蹈，还有女同志学了《摘棉花的姑娘》什么的，最后我们和协奏团的感情就特别深。后来我们几个党员，就说朝鲜同志对咱们这么好，咱们怎么表示感谢呢？我说他们一天饿着肚子教咱们，怎么办？就想办法攒白面。那时

第三十九军舞蹈队与朝鲜人民军协奏团合影，
锦旗上印有"中朝两国人民和军队用献血和生命凝成的战斗友谊万岁！"
（前排右一为朱贯中）

候咱们白面也很困难，我们舞蹈队的小同志到伙房弄一点儿，弄了也就 10 多斤白面。分开的时候啊，就把这个白面交给了他们的军官，就是老师。哎呀，他都淌眼泪了，他说这个白面太珍贵了，你们留着吃吧，你们现在粮食也困难啊！后来我说你们比我们还困难，别客气了，你们就留着吧，这是我们的心意。哎呀，他高兴得不得了。

在朝鲜两年多的经历，让朱贯中刻骨铭心。每年清明节，他都要到北陵的烈士陵园去看望牺牲的战友们。

朱贯中口述：

这场战争就是惊天动地的立国之战，打出了军威，打出了国威，打出了几十年的和平，一下子把美国鬼子威风杀掉了。我们三十九军换了三茬人，牺牲了不少同志。

朱贯中和爱人田光秀如今都已是 80 多岁的高龄，两个人都参加过抗美援朝战争，经常一起回忆在朝鲜的日日夜夜。经过战争洗礼，他们更加珍惜今天来之不易的幸福生活。

朱贯中口述：

我跟老伴儿讲我们要"双保"，我们干休所也号召我们搞好"双保"。一个就是保健康，我们多活几年，享受幸福生活；第二个就是保晚节，要和党中央在政治上保持高度的一致，什么时候别忘本。

吴桂馥

舍身炸暗堡 怀念垒模型

　　吴桂馥，1929 年出生，辽宁丹东宽甸人。1946 年参军，1947 年跟随独立一六五师参加辽沈、平津和解放海南岛等战役，1949 年 3 月加入中国共产党。1951 年 6 月跟随志愿军第六十七军二〇一师六〇二团抗美援朝出国作战，参加了轿岩山、上甘岭等战役，为炸敌暗堡身受重伤，立大功 2 次、二等功 1 次。

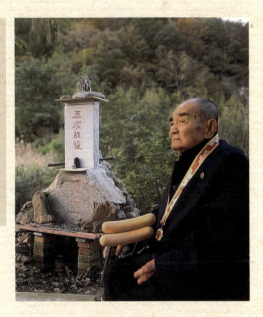

　　在丹东市宽甸满族自治县步达远镇四林村，有一个用石头垒起的阵地模型，石头上刻着轿岩山战斗、上甘岭战役，还有地下暗堡……这是吴桂馥在 10 多年前，从河边捡来石头一块儿块儿垒起来的，石头上标注的都是他参加抗美援朝打过仗的地方。

　　吴桂馥口述：

　　我摆这么多石头就是那么个意思。这个山四周都是炮，迫击炮、60 炮、无坐力炮，这都是炮，那个榴弹炮的炮弹还没出去，这是火箭筒，我就想回忆那场战争。

　　1953 年 6 月 5 日，六〇二团奉命攻占轿岩山主阵地的右翼屏障座首洞南山，采取多路突击和直插主峰的战法，与踞守的南朝鲜军八师展开激战。

　　吴桂馥口述：

　　武器就是解放战争的武器，不行，勾一下一响，勾一下一响，不勾贴壳，老旧的武器，全得用刺刀捅啊！敌人一上来 1 万多人，就在跟前，手榴弹也不行，手雷也不行，一上午打了 8 次反扑。用什么打？就把雷管装那个汽油桶里头，引信是 5 秒钟的、3 秒钟的、8 秒钟的，装上了，炮轰的那些烂石头，就用汽油桶准备好了，导火索拉开了，往下骨碌，骨碌就爆炸了，就这么给他们打败了。

上甘岭战役是吴桂馥在抗美援朝战争中打的最后一仗，也是战斗最惨烈的一仗。

吴桂馥口述：

加强营配备是 800 人，18 个碉堡除一半就剩下 40 个人，全部除完了，上到主峰，剩下我们 5 个人了。

苏联喀秋莎打这个山，击袭时间不超过 12 分钟，阵地表面上都没有敌人了，这个主峰没毁坏，暗堡都没毁坏，击袭时间短，里头还有活的。那个暗堡到这个主峰 30 来米，暗堡大啊，是一个指挥所，我发现里面有弹药库，没有毁坏。

为了解决敌军的暗堡指挥所，吴桂馥拿起 4 颗手榴弹冲上前去。

吴桂馥口述：

这是平顶手榴弹，美国产的，我用导火索缠了 4 个，引信是 4 秒钟的。我拉开就往里一推，我停 1 秒钟就好了，3 秒钟它就在里面炸了。我送上去，他往外一推，在门上炸的，我这么一侧，我得倒啊，不倒就崩死了，就这样我这半拉身子就完了，崩碎了，骨头、腿、肺都炸伤了，肋巴骨崩断

了 4 根。这个暗堡大，里头不知道有多少兵，我要是不炸，志愿兵上来不一定死多少。

吴桂馥炸毁了敌人的暗堡，自己也受了重伤。

吴桂馥口述：

负伤了，躺着气也不行了，上气不接下气，我就知道我不行了，我就摸啊、划拉，我也渴啊，流血，加累，加上肺部中弹了，上不来气，摸到了一块儿糖，一吃酸叽溜的，美国糖，我一摸还有一个罐头盒子，接点尿喝一喝润润嗓。天就该亮了，我咳嗽，一看吐的是血，嗓子震破了。

幸运的是吴桂馥得到及时救治，捡回条命，但当年炸暗堡时的弹片至今还留在他的身体里。

每天，吴桂馥都要来这个阵地模型看一看，坐一坐，想一想，当年战争的烽火硝烟就会浮现在他的脑海里……

吴桂馥口述：

想啊，想战友，800 人剩我一个人，我能不回忆吗？

"雄赳赳，气昂昂，跨过鸭绿江，保和平，卫祖国，就是保家乡。"就靠这个精神，你没有这个精神，你能打败美帝国主义野心狼吗？！

沈穆

守备英雄连 水淹美一师

英雄档案

沈穆，1926年11月出生，江苏阜宁人，1944年7月加入中国共产党，1944年10月加入新四军，参加抗日战争。解放战争时期，参加过辽沈战役、平津战役。抗美援朝期间，任志愿军第三十九军一一五师作战科副科长，后任炮兵团参谋长、副团长。参加了抗美援朝战争中唯一的一次陆上水战——水淹美军陆战一师。

第四次战役中，为反击美军"撕裂行动"，第三十九军奉命在春川到华川一带组织运动防御，所属一一五师在洪川公路以东担负阻击任务。在侦察华川水库周围地形后，一一五师准备上演一出水淹美军的好戏。

沈穆口述：

三四三团抗击美军的陆战队，向北汉江进攻，这个时候我们部队做了充分的准备，就想利用水库的水，怎么样把敌人堵到北汉江以南。这个水库水量很充足，计划就是敌人来了我用水淹他。

一一五师留下一个连坚守288.4高地，守护华川水库，阻击敌人进犯，为水库蓄水争取时间。经过8天的蓄水，好戏上演了。

沈穆口述：

1951年的4月9号，我们部队从北汉江以南全部撤到江北来了，美军的陆战队就进到北汉江的南岸，他也想过江。这个时候我们把水库的水都放了，把闸门全部打开，打开了以后那个水势汹涌澎湃，江水涨起来了，把他的浮桥也冲了，把靠在江边的炮兵阵地给淹了。

美军陆战一师没有料到志愿军会出此奇招，情急之下，想夺取288.4高地掌握制高点，然后关上坝门。然而守卫高地的一一五师三四四团一连，早在 20 天前就构筑了坚固的防御阵地，给敌人迎头痛击。

沈穆口述：

我们部队把北汉江的水库看上了吗，敌人想占领水库，把水坝关上，这样的话北汉江的水位就降下来了，他可以继续向北汉江以北进攻。这个时候我们陆军一一五师派一连，连长叫赵志立，带一个连看这个水坝，守了 4 天 4 夜。敌人进行飞机轰炸，炮火袭击，打了 4 天没有打下来，最后美国人说你们不是一个连在守卫，最少是一个营。

美军陆战一师又改变战法，派出部队夜间乘坐船只准备从湖面上偷渡到江北来。三四四团一连严加防范，水陆双管齐下，痛击美军。

沈穆口述：

敌人来了一个连，坐着这个皮划艇，到这个江北来，我们守备的部队是三四四团的一个连，敌人占领了一个高地。他们夜间把敌人守备偷渡过来的，从

江上偷渡过来的，坐着汽油艇过来的，把他占领的山给夺回来，把敌人赶到水库边上，最后消灭了这个偷渡的部队。

4 天的时间里，美军陆战一师三团先后对 288.4 高地发动了 10 多次进攻。我志愿军战士在赵志立的率领下，以一个连打败了美军陆战师一个加强营，288.4 高地守备英雄连一战成名。

战后美军怎么也不相信志愿军一个连的兵力，居然能挡住精锐陆战一师三团一个营，并且是在航空兵与炮兵支援下还遭遇了惨败。美国人认为 288.4 高地守军起码是一个加强营，直到板门店停战谈判，美联社记者提出非要见一见这个被美军称为"死硬部队"的指挥官。

沈穆口述：

所以在这个谈判桌上，美国人硬说我们这是一个营守备。我们就把连长派去了，赵志立说我是当时守备的连长，我怎么防御的，怎么守备的，这美国人没办法，就相信了。

李奇微也在其回忆录《朝鲜战争》中哀叹："我们立即派出一支特遣部队去夺取大坝，关闭闸门。但是，由于能见度很差，地形崎岖，敌人顽抗以及登陆工具不足，这次尝试没有成功……"对于这次攻守战，李奇微和其他国家将领都给予了非常高的评价，现代版的"水淹七军"也载入世界军史。

荆云山

机智勇敢侦察兵

英雄档案

　　荆云山，1928 年 4 月生于山东莱阳。曾经参加过孟良崮战役、济南战役、淮海战役，1946 年 7 月加入中国共产党。1950 年 11 月随志愿军第二十七军抗美援朝出国作战，任侦察营二连三班班长。参加大小战斗 40 余次，先后荣立战功 13 次，荣获中华人民共和国解放奖章和朝鲜民主主义人民共和国军功章。

　　荆云山是一名参加过解放战争的老侦察兵，在抗美援朝战场更是大显身手。在第二次战役中，他和战友在咸兴南道捉到了李承晚政府的 1 个乡队长，并获得了 1 份重要情报。

　　荆云山口述：

　　出来一个挺膀的，膀大腰粗，一边走一边抠牙，可能在哪家吃饭了。我们一看这种情况，我们采取了正面 3 个人，另外俩人抄他后路防止他跑了。当我们一喊："你是干什么的？"他不懂我们的话，就一发愣，后面两个人抄上去了，就前后夹击。他看情况不好，他就举手投降。我们一搜，搜出了一支美国指挥手枪，这就知道是敌人了。给我们提供了一个什么情况呢？铁路以西的情况，再没有敌人了。上级非常需要这个，把从敌人口里得的情况及时地报告了上级。

　　1951 年 5 月下旬，志愿军在昭阳江渡口担任对空掩护的一个高炮营与上级失去联系，首长命令荆云山带领一个侦察班深入敌后摸清情况。

　　荆云山口述：

　　我们是顺着山路，赶到天亮到了昭阳

志愿军第二十七军向敌人发起进攻

江的北山，往下一看，全是敌人，我们高炮营一部分人已经后撤了。白天我们跟敌人趴猫，找个比较好的地方，树林子密集，适合隐蔽。敌人搜山一般这个地方他不去，他搜山的特点，沿着山的岭盖、小路。像这些密集的地方，乱放一阵枪，喊上几句话，意思你们要被包围了，快出来吧，怎么怎么的。我们一看一听，枪打得没有目标，敌人是没发现我们，我们在那儿猫着。等敌人中午吃完饭，下午3点，他就撤下去了。敌人撤了，我们就可以搞点活动，搞点侦察。

侦察小分队在路过杨口时，被李承晚伪军一个连包围。荆云山主动提出带领战斗小组打掩护，让侦察参谋带领其他人突出重围。然而当他们自己想归队时，却因为道路全被敌人封锁，只好退到大山里打起了游击。

荆云山口述：

我们3个人的武器很有限，我是班长，用的是驳壳枪，党小组长用的是冲锋枪，还有一个战士用的是步枪。我们在山里，好在晴天东西南北我们知道，北面有什么星星，正北方，雨天就不好办了，东西南北都不知道。在这种情况下，我们老侦察兵，有他的老经验。他说班长你听，我说听什么，敌人的火炮出口声，"咚！"这么个声音，落在山上的炮弹声音清脆，他就说出弹声是敌人的炮阵地，落弹声是我们的阵地。这就东西南北搞清楚了。

荆云山的战斗小组5个人仅靠临走时首长给的两斤炒黄豆，就着初春的嫩树叶、青草芽充饥。这期间，荆云山还要耐心地照顾伤员。

荆云山口述：

是不是伤口疼啊？他说："嗯，又疼又饿。"我就给他讲，我说我们志愿军在朝鲜，只流血不流泪，激起了战士的斗志。战士说："你们是渡江英雄连，是英雄，今天我们也能当英雄！"我一看战士的情绪起来了。

在山里打游击的第七天夜晚，他们终于从敌军阵地间隙穿过封锁线，回归部队。

荆云山口述：

敌人他站岗，都在那个乌龟壳里，在坦克里面站岗，露半个身子。路都在山的半坡，路下边是水，山的半坡本身就有一个死角；再一个在坦克里面站岗，又是个死角。你越靠近，他越看不到你。那么一

伪装，晚上一蹲下来，他那个探照灯，就不好使了，就分不清是个什么玩意儿。我们就瞅着敌人的探照灯一亮，机枪一响，在这个时间我们就蹲下来，敌人一停，我们很快地往外走。就这样，蹲下起来、起来蹲下，经过几次折腾，跳出了敌人的封锁线。"指导员，三班回来了，三班回来了！"指导员正在吃饭，放下饭碗，三步并作两步地向我们走来。我想给指导员汇报汇报，指导员拉着我的手，"回来就好，回来就好"。一离开部队就像孩子失去了娘一样，很自然地我们就流了眼泪。

在出国作战的 3 年时间里，荆云山参加大小战斗 40 余次，出色完成侦察任务，先后荣立战功 13 次。1959 年，荆云山受邀参加国庆 10 周年观礼，受到毛泽东等领导人的接见。

刘军

10 岁 年纪最小的志愿军女战士

英雄档案

刘军，原名刘美英，1942 年出生，山东烟台人。她 8 岁参军，1952 年踏上抗美援朝战场时，也只有 10 岁，是第五十四军文工团的小演员，在枪林弹雨中唱歌跳舞鼓士气，被称作"年纪最小的志愿军女战士"。

刘军幼年随母亲流落广西，解放军剿匪解放了横县（今横州市）太平镇，她的苦日子才算熬到了头。

刘军口述：

我是跟着我妈逃荒去的，那时候才五六岁，没有多久，我的白话已经说得很好了。所以部队在广西剿匪的时候，他们都是从北方来的，不懂白话，就是抓到土匪要审问什么的，我就给他们当翻译。

刘军加入了儿童团搞宣传，她表演的儿童角色深受大家的喜爱。尽管表现出色，但要参军入伍，可没那么简单。

刘军口述：

开始呢，因为我太小，不愿意让我参军。我妈再三地要求，讲我挺能吃苦的。后来我们团长就讲，如果到了部队一段时间，她受不了这个苦，我们再把她送回来；如果她能适应，我们就把她带上。所以报名第三天，我就跟着文工团出发了。

就这样，刘军成为一名解放军的文艺小兵。1952 年，第五十四军奉命抗美援朝出国作战。为了不被部队留下，她又动起了小脑筋。

刘军口述：

去的时候想把我留下来，留在国内，

真正护卫她安全的，是人民军队大家庭的温暖。

刘军口述：

那天晚上敌人大炮打得很厉害，就打到我们那里了。后来大同志就一下把我背到背上，就跑。跑了以后我也挺好强的，就不要他们背，我就下来自己跑。弹片和炸起来的石头很多，所以拉我手的那个大哥哥，就一面用手挡着我的头，一面拉着我跑，结果一个弹片打到他的右臂，那个血呢，就是整个袖子都是血了。跑到那个战壕里呢，我看到很难过，我就哭了，是为我受的伤，但是他们都是很勇敢的，革命乐观主义，还要逗我。他说："你看我们这个大兵还要哭鼻子呢，你不要怕，晚上演出志愿军叔叔一样把你举得起来。"

后来我坚决要求去，那时候就写决心书。晚上紧急集合，准备入朝，我都赶在大家的前面，晚上也不脱衣服，人家一紧急集合，我一爬起来都赶得上。再有白天见了我们团长，就跟他磨，"一定要去，带我去吧带我去吧"，所以最后还是把我带上了。

于是，在抗美援朝的战场上，一个10岁的孩子，担负起战士的职责。

刘军口述：

我们是很艰苦的。我们去的那时候，晚上宿营地就是挖一个好像那个坟坑那样的，然后底下铺上树枝，上面把雨衣铺上，然后再加上棉衣，上面再拿树枝挡上，就像在雪地里那样子。因为飞机经常轰炸，你不能点火，所以我们没有什么吃的，只能拿树枝上的雪送炒面吃。我们过的就是那种生活，但是我们很快乐。

夜晚，在白天还炮火纷飞的阵地上，一个10岁的小女孩，用她那清纯的童音，抚慰着战士们紧绷的身心。

刘军唱的歌曲《金凤花开》：
金凤子（那个）开红花，
一开开在穷人的家，

穷人家要翻身，

世道才像话。

然而，战争的残酷不怜悯年纪。第五次战役中，10 岁的刘军也终于冲上了最前线。

刘军口述：

他们文工团大个的战友呢，就上前边去把伤员背到坑道来，我们就在坑道里，也有护士帮包扎啊，我就帮他们拿那个手巾啊，擦擦脸啊，擦擦血迹啊，有时候就喂水，慢慢地把水喂到伤员嘴里，有时候又给他们唱一些歌，鼓励他们。他们都是很勇敢的，那时候的年轻人都是 20 岁以下的多，我看到一个才 17 岁，那肠子都打出来了，但是他一点儿没哭。我看到他，他还说："小同志你不要怕，你看我挺好的嘛！"哎呀，当时我的眼泪都出来了。就在他们那种精神感召下，对我鼓励很大的。

1953 年停战不久，贺龙元帅率领中国人民第二次赴朝慰问团来到第五十四军慰问，刘军接受了一项光荣的任务：给康克清大姐献花。

刘军口述：

康大姐看我那么小，很可爱，又问我年龄。晚上我们开联欢会，表演完了以后，她就拉着我到贺龙元帅那儿，说："老贺，

这孩子是不是我们人民军队里最小的兵了？""嗯！"贺龙元帅又很和蔼地拉着我的手说："小同志你好啊！"我们军长站在旁边，他就对我们军长说："孩子太小，现在停战了，应当送她回去念书。"

1954 年，刘军被组织安排到广西南宁市地方学校读书学习，后来在制药、计量仪器等单位工作，直到退休。多年以来，那段火热的军营生活令她难忘，那群亲爱的战友令她牵挂，临别时这些珍贵的信笺历经岁月浸染，字里行间仍流露出那个年代真挚朴素的革命情谊：

——亲爱的小刘同志：你要走了，说什么呢，预祝你学习进步，将来成为工程师。也希望你多来信。希望你不要忘在部队生活的这几年，不要忘党对你的教育和培养。愿你很快成为新中国的少先队员，最后祝你学习进步，永远年青、美丽！

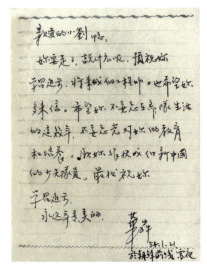

邵燕云

绽放在"三八线"的南国之花

英雄档案

邵燕云，1934 年生于广东。15 岁参军，在第四十八军一四三师四二八团担任宣传队员，后在后勤医院做护士。1952 年抗美援朝出国作战，在志愿军炮二十一师后勤医院担任护理工作，表现突出，荣立三等功。

1949 年 9 月，邵燕云背着家人走了两天山路投奔解放军，由于年龄太小，她被安排到宣传队。抗美援朝战争打响，她立即写下请战入朝的血书。

邵燕云口述：

把手指扎出血了，写签名，我志愿参加抗美援朝战争保家卫国，为伤病员服务。

此时，刚刚年满 18 岁的邵燕云已经是有着 4 年军龄的老兵了，她所在部队被改编为志愿军炮二十一师。邵燕云申请从宣传员转为护士奔赴前线。

邵燕云口述：

我们入朝是 1952 年 12 月份，过江那时敌人飞机、大炮轰炸特别多，都很急地

行军。过江一路上都特别兴奋，唱抗美援朝的歌，一直唱到目的地。

炮二十一师将后勤医院设在松灵洞，邵燕云入朝后的第一个任务就是护理从上甘岭战场撤下的伤员。

邵燕云口述：

飞机天天来轰炸扫射，从山沟里头看就好像麻雀似的一群一群过，过完又过。有一次晚上那个山沟轰炸，着好大好大的火。但是我们不害怕，我们就是抗美援朝、

抗美援朝时期的医疗队

保家卫国不怕死，说"死那就是光荣了"。

作为后勤医院里仅有的两名女护士之一，邵燕云和伤员住在一个防空洞里，没有窗户，没有门，有时候甚至没有电。

邵燕云口述：

有一天伙房不能做饭了，怕暴露目标，发给我们压缩饼干，压缩饼干很硬啊，我们那么小的小孩儿咬不动，就拿石头砸碎了，给病号就是拿水泡了给他们吃。

虽然身材瘦小，但是邵燕云抬起担架一点儿也不含糊，遇到紧急任务常常跑在最前面，她把伤员的安危看得比自己生命都重要。

邵燕云口述：

有一个很重的伤员需要输血。我说输我的，我是 O 型血。做手术也没有电，就点蜡烛照明。

朝鲜冬季的寒冷天气，对于邵燕云这位从没见过雪的广东姑娘来说，是一个严峻考验。

邵燕云口述：

那时朝鲜可冷了，下雪下到腿肚子上面，我们一边走一边拿铁锹，一边铲一边走，才能走到半山腰，走到病房。然后还要上山打柴火。上山，男同志都拽着我们，下山就这么出溜下来。很高的松树，拿个绳子，绑个石头，一拽就下来一棵。

炮兵二十一师中有很多南方籍战士，后勤医院里方言不通成了医护人员和战士们沟通的一道难题，好在还有邵燕云这个南方姑娘。

邵燕云口述：

有个病号，他是南方人，说普通话说不好。我是南方人，我能听懂他的话，所以我就连续两个礼拜白天黑夜照顾他，别人听不懂他的话。

艰苦的战场条件在志愿军战士钢铁般的意志面前显得微不足道，邵燕云也被伤员们的革命乐观主义精神鼓舞着、感动着。

邵燕云口述：

我们那个时候没有白大褂，就发个口罩。我们天天给他们生炉子，给战士们烧炕，有烟灰，我们口罩上那两个鼻孔的地方特别黑。男同志就唱歌说："工厂在冒烟，庄稼长得高，我们的女同志在欢笑。"同志们之间呢，互相都特别地爱护。

1953 年 7 月 27 日，停战协定签字。4 天后，邵燕云和战友们在朝鲜度过了一个难忘的建军节。

邵燕云口述：

那时候是八一建军节演节目，跟大伙儿在一起唱歌。参加抗美援朝，这一生为国家作了小小的贡献，挺光荣，挺开心。

1954 年 10 月，邵燕云和志愿军后方医院军医吴振荣喜结连理，青春岁月和战斗年华是他们最为难忘的记忆。

邵燕云与丈夫、志愿军老战士吴振荣

程龙江

炸坦克 抓俘虏 伤痕累累犹不悔

英雄档案

程龙江，1931年3月出生，辽宁省锦县（今凌海市）人。1948年6月参军，1949年6月加入中国共产党。1950年10月19日抗美援朝出国作战，担任志愿军第四十军一一八师三五四团二营四连班长，首次与美军交锋就炸毁1辆坦克，俘虏了7名美国兵。

第二次战役中，程龙江所在部队与美军第二师在新兴洞、柳洞地区展开激战。敌人进攻先是飞机轰炸，再用炮轰，然后坦克碾压，最后才是步兵。面对敌军凶猛火力，全班伤亡很大。危急时刻，作为班长的程龙江挺身而出，冲向敌人的坦克。

程龙江口述：

我拿着反坦克雷，在离那辆坦克大约10米多远的位置扔过去，反坦克雷带磁铁，就粘在坦克的链子上。打坦克不能打它脑袋，脑袋的钢板厚，就得打它的链子。一炸那坦克链子就坏了，就脱钩了，当时坦克就歪在那里不能走了。坦克一坏，美国步兵就有点乱套了。因为美国人打仗他就是靠武器，靠火力，人到这个时候就不行，

整个就乱了阵脚。这个时候我就喊，我说："冲，打！"咱们的枪就开始射击。机枪射手受伤了，我就把机枪拿过来，那时就不瞄准了，哗哗哗地打。我说："缴枪不杀！"当时打伤打死没记多少个，剩下跑了一部分，有几个没跑，跑不了了，叫咱们给抓住了，抓了7个美国鬼子。

在接下来的马良山战役中，战斗更加残酷。论火力，敌军占优；拼意志，志愿军为胜。

程龙江口述:

整个地面战争,我们中国都是主动的。咱们说打就打,打他他就跑,美国的步兵根本不和你打照面,你想和他拼刺刀,都拼不上,他就是用飞机、大炮。咱们这些人没有飞机、大炮,拿枪就敢上、就敢打,不管什么死啊、活的,都置之度外,根本不考虑这个,就必须要豁出命来,和美国死战到底,不打胜了决不收兵。

马良山就在三八线的线上,这个地方必须守住。他攻了几次,用飞机炸啊、炮轰啊,山上的树草都被炸没了。往前线一看,哪边是美国阵地特别清楚,人家那边的树草全在,咱们这边阵地树草都没有了。

我这个腿就是他们扔汽油弹烧的,汽油弹从空中爆炸,就像雨点似的落下来,这个油特别黏,黏到你身上以后就着,我的小腿就在这儿崩了这么一块,得用土给它埋上才能整灭。

在马良山,他们用飞机扔炸弹,炸咱们的山洞,炸弹钻到地底下 3 米多才能爆炸。这一爆炸,翻山的土和风就把我从山上捅到山半腰去了,造成腿的髌骨这块儿粉碎性骨折,心脏也震得不行了,耳朵也聋了,当时什么都不知道了,好像是整个都失去了知觉,脑袋也不好使了,被炸弹给震的。

1952 年,志愿军开展"冷枪冷炮"运动,消灭敌人,鼓舞士气。

程龙江口述:

在阵地上开展竞赛就是谁消灭的敌人多、打死的多就立功,那时候打死 10 个就立一大功。咱这边是山洞,美国那边的叫钢帽包,就是用钢板做的就像地堡似的,人在里面,有枪眼往外打枪,上厕所有门能出来。人家没有地洞,都是用钢做的钢帽包,在山上一个一个的,咱们这边都能看到。大伙儿就想办法,这得白天打,晚上看不着,就把人身上用那个草还有蒿什么的都伪装上,之后晚上就到那个山下,下到山底下,他在山上咱在山下,就趴在草丛里头,晚上就潜伏在地下,瞄准钢帽包,他出来解手,大小便咱们就瞄准,一枪一个。我打死 3 个,不够立功。最后敌人不出来了。

敌军不与志愿军短兵相接,就采用飞机、大炮对志愿军阵地进行轮番轰炸。志愿军在敌军炮火碾压下,不怕牺牲、殊死搏斗、坚守阵地。

程龙江口述:

打一次损失一点儿,下来之后再补充兵源,一共补充了 4 次。咱们自己同志牺牲的就地掩埋,把树砍了,在上面把名字写上,伤的不管多重都得背下来。我一共背了 3 个重伤的战友,腿都炸断了,有的胳膊炸折了,能走的自己扶着走,不能走的我都背,没有担架,自己往下背。我还能动,我能活着,我就给他背下来,一个不能扔，自己的战友，自己的亲兄弟，必须从山上背下来，然后交给担架队和运输队，送到野战医院。

受伤的战友没有哭的，也没有喊的，真坚强！美国怕就怕咱这个。

抗美援朝三年作战，程龙江经受住了枪林弹雨的战火考验，也克服了现在常人无法想象的困难。

程龙江口述：

在朝鲜这三年，没洗过澡、没刷过牙、没盖过被，基本上没在屋里睡过觉，就在山洞里头。山洞里非常潮，就铺的稻草，我在朝鲜这几年全身都得了风湿。

当时在行军过程中，困难就更多了。因为我这个脚有个大骨节，所以发的鞋穿不了，我就把这个鞋挖个窟窿，这块儿不疼了，旁边这块儿磨，没有办法就不穿鞋了，把脚用棉花包上，再包上布，就这么行军走路，所以这几年特别辛苦。

我在朝鲜就这么个信念：不怕累、不怕饿、不怕死，再一个不怕冻。为了保家卫国再苦再累也值得，牺牲自己生命也应该。就凭这一点能打败美国，就是有这个保家卫国不怕死的精神，没有这个精神就没有胜利。

如今已经 92 岁的程龙江，住在抚顺市新抚区万达社区。虽然他的鼻子在抗美援朝战争中被冻坏失去了嗅觉，右耳失聪，腿被炸伤留下后遗症……但每次谈及那段经历，他都倍感光荣。

程龙江口述：

都说我是英雄，我觉得我不算是英雄，我为党为人民，我是做了我应该做的，冲锋陷阵。

陶天治
定格历史瞬间的战地记者

英雄档案

陶天治，1930年2月生于山东省长岛县（今已撤县，并入烟台蓬莱区）大黑山岛大濠村。1947年4月参加革命，同年7月参军，1949年12月加入中国共产党，解放战争时期任第四野战军十二兵团第四十军摄影记者，参加了第四野战军从东北到海南各大战役的采访报道。1950年10月抗美援朝出国作战，作为志愿军第四十军一二〇师战地记者，他记录下一个个精彩瞬间，通过新闻报道打击敌人、提振士气。

1953年3月26日，第四十军一二〇师三五八团与美军在板门店附近展开激战，作为摄影记者的陶天治跟随战士们冲上了梅岘里东山阵地。

陶天治口述：

这时候听到头上面有人喊："挖洞抓俘虏，挖洞抓俘虏。"我一听，这好，我就赶紧顺着坑道就跑上去了，正好看着美国俘虏过来了，是美国王牌军陆战第一师的俘虏过来了，我就赶紧地拍照、抓拍。我当时拿的是禄来相机双镜头，上面的镜头是属于取景用的，构图，因为当时天黑，取景基本看不见，我就大体上按照范围照，效果怎么样当时不知道。回到部队洗出来以后，一看效果还挺好。

这张照片一经发表，大大鼓舞了中朝军民士气，陶天治也被志愿军司令部政治部授予三等功。

另一张让陶天治引以为豪的照片，是他在第一次战役龟头洞战斗后拍摄的，内容是志愿军为受伤战俘包扎治疗，具有特殊的政治意义。

陶天治口述：

通讯员打完饭过来告诉我们，说在食堂大院里边，有个咱们政治部卫生员正在给美国停虏包扎伤口。我一听，这镜头很好，这题材多好，我就过去了，给拍照。原来是两个美军少校，南朝鲜营以上的部队，每个部门都有一个军事顾问，这两个少校是一个营的顾问。当时卫生员正在给他们包扎的时候，我给他们照了照片，说明了志愿军优待停虏。

抗美援朝时期，战地记者手中的胶卷极其有限。陶天治要想方设法，尽可能在艰苦简陋的条件下，拍摄更多珍贵的影像。

陶天治口述：

那时候一个人也只能带几个胶卷，所以不敢多拍。那时候在朝鲜洗照片，很原始的。我们都带着药，洗照片的药，晚上在坑道里洗，弄 3 个碗，一个碗配的药水是显影的，一个碗里是定影的，再一个碗装的水。显影了怎么看效果怎么样呢？也是大体看一下，拿那个手电筒，前面包上红布，它不感光，照一下，看那个底片轮廓差不多，就那么简单、简陋。

陶天治的战地摄影作品佳作很多，有《首战温井》《打毁敌炮车》《只要放下

陶天治于 1953 年 3 月 26 日拍摄的第四十军三五八团攻占梅岘里东山战斗中，活捉美军陆战队士兵

武器》等，从不同侧面展现了志愿军英勇顽强的革命精神。1953 年 5 月，他在战斗中执行拍摄任务时，被敌军的炮火击中，失血昏迷时，手中仍然紧紧抱着相机。

陶天治口述：

记者作为一个人来说，你牺牲了，还有记者来接你班，但是这个相机比较宝贵了，一个师只有一台相机，你相机丢了以后损失大了。正好赶上我们政治部一个干事易英华也在前面，因为政治部机关在打仗时都到后勤和卫生所。我一听是他，我就告诉易英华把我相机带政治部去。我倒没怕，我受伤我都不在乎，相机是主要的。

经过紧急救治，陶天治脱离了生命危险，但却永远失去了左腿，被评为五级伤残，荣立三等功，获朝鲜军功章。

唐章洪
志愿军中歼敌数和立功次数最多的个人之一

英雄档案

　　唐章洪，1935 年 12 月生于四川德阳中江县。1951 年 2 月参军，同年 4 月跟随志愿军第十五军四十五师一三五团八十二迫击炮连抗美援朝出国作战，参加战斗上百次，共歼敌 620 余名。在"冷枪冷炮"运动中创下 65 天、73 发炮弹、歼敌 101 人的最高纪录，在上甘岭战役中又单炮歼敌 425 人，荣立特等功 1 次、一等功 2 次、二等功 1 次、三等功 3 次，是志愿军中歼敌数和立功次数最多的个人之一。1953 年 7 月，在坑道中光荣加入中国共产党。

　　1952 年，志愿军开展"冷枪冷炮"运动，以单枪、单炮、单辆坦克采取流动方式经常变换狙击阵地，杀伤敌军阵地上的暴露目标。唐章洪是位"特等全能射手"，却在单炮游动的第一仗出师不利。当时，537.3 高地东南方向的阳地村地势低洼，敌方物资每天都会在这里集中装卸转运。唐章洪将游动炮位选在了 448 高地以东一个小山包上的大松树下，准备居高歼敌。

　　唐章洪口述：

　　我们选的这个位置自认为是好位置，

但是实际上是犯了禁忌的。比如说地表物突出就不能作为隐蔽物，或者靠近它来构筑工事，或者是设计这个炮位。大概隔了两三百米的距离，敌人的坦克炮一炮打在那个交通沟的上方，钻到土里面爆炸了。本来想深入最前沿打敌人的纵深，用冷炮歼灭敌人，结果不但没歼灭一个敌人，反而造成我们一死一伤。

　　战后，唐章洪和战友们吸取教训，总结出后来在全军推广"四打四不打、三快两准"等作战原则。"四打四不打"是敌人前沿阵地，一般不打，敌人纵深目标，打；单个活动的敌人，不打，多个敌人，打；情况不明，不打，情况清楚，打；没有把握，不打，有了把握，打！"三快两准"就是确定诸元要快，架炮要快，瞄准要快；两准就是距离测定要准，方位标定要准。

擦干眼泪，再上战场，地点还是 448 高地，唐章洪和战友们要报仇雪恨。

唐章洪（右）仔细瞄准，精准打击

唐章洪口述：

第一发炮弹打过去以后，看到爆炸以后敌人帐篷掉了一个下来。我又马上转到反斜面炮位的地方，又连着打了两发炮弹，敌人就乱成一锅粥。最后这个战果是由二连观察手报给我们的，说你们这三炮最起码消灭了二三十个敌人。

此后，唐章洪就在 537.3 高地和 448 高地之间单炮游动，屡有斩获。首长对"冷枪冷炮"参战炮兵提出一个希望，即一百天时间用一百发炮弹歼灭一百个敌人。为了实现这个目标，唐章洪吃饭睡觉想的都是"弹道""密位"这些事。

唐章洪口述：

我们在阵地上面都有很多的标牌，标牌就等于是三点一线，两点插一个标杆，我们是插两个木牌，就是炮弹箱那个木板子，木牌上面写着什么目标，距离是多少。如果我们要打击 1 号目标，那么我们就瞄准，把两个标牌三点成为一线，基本上就准确了。大白天我们就把它测准了，测准了写在标牌上，什么目标叫什么位置，都写在标牌上了，因为事先是有准备的，不是临时来估算来测量。这样通过摸索熟了，熟能生巧，所以来界定这个方位、界定这个距离就比较容易了。

功夫不负有心人。终于，在 1952 年 8 月初，唐章洪成为全军实现"三百方针"的第一人——65 天，73 发炮弹，歼敌

101 人！获得"杀敌百名狙击手"光荣称号，荣立一等功，"神炮手"美名也在全军传开。

1952 年 10 月，上甘岭战役打响。因为在"冷枪冷炮"运动中表现优秀，唐章洪被安排到 537.7 高地的重要炮位上担任第一炮手。

唐章洪（右一）把阵地不同方位的射击写在木板上，既方便战友，也方便自己夜间"盲打"

唐章洪口述：

敌人先是打的两个山头，537.7 和 597.9，这两个山头几乎变成了一片火海，浓烟滚滚，打了一两个钟头。当时通讯全部中断了，耳朵嗡嗡叫，很痛。哪个地方爆破声、爆炸声和枪声最激烈，我就知道敌人正在进攻这个地方，我们就主动向这个阵地前沿发射炮弹，支援步兵坚守。

因为连续发射，炮筒已经发红发烫，唐章洪意识到必须进行降温。

唐章洪口述：

当时因为情况很紧急，我们就想用水来降温，但是找不到水。当时我就赶快叫弹药手对着这个炮衣和棉衣撒尿，撒完了以后，我就把炮衣裹在炮身上，把棉衣也裹在炮身上，很快就把炮管的温度降下来了，降下来了我们才能继续发射。

在几小时的战斗中，唐章洪打出了近千发炮弹，而他的炮位也被敌人盯上。一架野马式轰炸机俯冲而来，将炸弹投在了唐章洪的防御工事上。

唐章洪口述：

大概炸的直径能有 10 多米，有八九米深的一个炸弹坑。当时溅起的石头和土壤，就把我们的炮和我埋在工事里了，我被震昏过去了，这个头上可能是石头砸的，鼻子可能是被冲过来的土砸出血了。他们就赶快跑出来，搬了搬石头，搬了搬土块儿，最后就把我抢救回了猫耳洞，大概 20 分钟左右我苏醒过来。

醒来的第一件事，唐章洪立即爬回已经坍塌的工事找炮，发现炮架已经严重受损。就在此时，接到上级命令，火炮支援需要再坚持 5 分钟。但只有炮身没有炮架，炮弹也只剩下 20 多发，这炮怎么打？

唐章洪口述：

我们赶快就把炮架和炮身脱离，脱离以后炮盘转 180 度就可以抽出来了。我们很快就把炮身拉到猫耳洞口，下半部用大腿紧紧地靠住上边，我用右手紧紧扶着炮身。我叫他们赶快把剩余的炮弹传递过来，他们知道往下面射击，我们练过的，也知道用不着加油包了，只要有个底火就可以了。我就大约向主峰阵地前沿估计一下方向，那么我取的角度就是 85 度以上，甚至 90 度以下，这个可以打个几十公尺没有问题。

就这样，唐章洪用血肉之躯当炮架，

向敌军又轰出 20 多发炮弹，而那些带血的炮弹就像是长了眼睛一样飞入敌军阵地。

唐章洪口述：

当时因为我鼻子、嘴角在流血，我两手也都是血，他们从右边递过炮弹来，我左手去接炮弹，用右手扶着炮身，结果只要是通过我鼻子下边过来的，每一发炮弹上都有我鼻子流出的血，有我手上的血，都带着血迹打出去了。耳朵被震得疼得不得了，不敢说话，一说话一吞口水或者是只要嘴巴一动，两个耳朵带着整个头都疼得不行了。整个上甘岭战役大家都处于这么一个情况，因为我们每天要发射上百发的炮弹，有时候甚至是几百发。

战后盘点，唐章洪这门炮歼敌至少425 人，他被授予"特等功臣"荣誉称号。

童志安

"我的任务是安葬战友"

英雄档案

童志安，1931 年 12 月生于四川省眉山市金花旗（今已并入东坡区）文山。1950 年参军，1951 年 3 月抗美援朝出国作战，担任志愿军第六十军一八〇师五三九团政治处见习员，负责安葬烈士工作。

鱼隐山反击战，以惨烈闻名。在山的东侧，有一个"八一站"前进包扎所，是救治伤员的地方。童志安在这里领受任务，开始为烈士墓地选址。

童志安口述：

我就想，这个烈士墓地，既要让敌人飞机炸不到，又不能让敌人的炮火打得到。我找了一个能够隐蔽一点的洼地，找到这个地方后，我就请我们股长来看一看，这个地方适不适合。又请当时卫生队的队长，因为前进包扎所卫生队也在那个地方，来看看这个地方行不行。

得到大家的认可后，童志安带领担架班开始工作，心情格外沉重。

童志安口述：

那是 1953 年的初春，应该说在我的家乡四川，那个时候已经春暖花开，可是在鱼隐山的阵地上，还是白雪皑皑。那个土很难挖，整整一个星期，挖了 42 个墓坑，每个墓坑是一米二深，宽就是 80 公分。

3 月 29 日夜晚，五三九团八连向敌军盘踞的 1090 高地发起冲锋，最终夺取了阵地，但也伤亡了 30 多人。童志安擦干眼泪，为牺牲战友做了最后的工作。

童志安口述：

我记得人死了过后，要入土为安，身上不要有脏东西。当时我就想到，烈士牺牲了，他必然有伤，他没有伤怎么会牺牲呢! 有的身体还会断胳膊少腿, 这些情况都有。要安葬烈士, 就得让他们干干净净不带一丝血污入土。我就想了个办法, 这个"八一站"前进包扎所有汽油桶, 我就用劈成两半的汽油桶, 找了两个, 用岩石把它支起来。山上有积雪, 我就用铁锹把那个雪攒在里面, 攒满过后, 架上干柴把它烧化, 用毛巾、用棉纱、用棉花、用纱布, 每一个烈士, 用热水把他们身上的血迹擦拭得干干净净的, 脸洗得干干净净的, 不让他们带上血污进入泥土, 然后给他们换上新军装, 用血衣, 就是用白布做的衣服, 把烈士包裹住, 然后放进墓地。

安葬前要按照烈士军衣里子上写着的姓名、单位、党团员标记, 仔细核对登记, 墓前还要立上带有名字的墓碑。

童志安口述:

那个墓碑是木头的不是石头的, 我们后勤的木工房, 做了这个设计, 为了防风雨, 在前面折一块下来, 这样子挡住雨。然后墓碑上面写字, 为了让这个字不被风化, 就抹桐油, 桐油抹了过后, 是要好些。对自己的战友, 自己的阶级兄弟, 我在做这个工作的时候, 是带着深厚的阶级感情来做的。

鱼隐山、方型山、泉力沟、金成川, 童志安所在部队停战前进行了大大小小十几次战斗, 他也在战场附近建立了十几处墓园, 安葬了 600 多位志愿军烈士。这其中, 最让童志安难忘的是三营营长安凤志。安营长是参加过抗日战争、解放战争并多次立功的战斗英雄, 不幸在侦察地形时牺牲。

童志安口述:

那天晚上下很大的雨, 那真正是雷电交加、狂风暴雨。担架员把安营长抬下来, 他牺牲了, 他的遗愿还没有达到。在烈士墓地, 我把他的头和脚面北朝南, 这样子进行了安葬。这是 1953 年 6 月 12 日的晚上, 因为 14 日, 也就是再隔两天, 这次战斗就要发起了, 让他能够看得到这场胜利。

停战以后, 童志安多次受上级委派去部队战斗过的地方扫墓。他掬一抔新土, 以诗词表达自己对战友们的怀念。

童志安口述:

灿烂的荣光照亮了我们前进的道路,
我们连里红旗多,
面面红旗红似火,
它是战士最大的荣誉,
时时刻刻鼓舞着我。
朝鲜战场是我一生刻骨铭心、永世不忘的, 因为它使我的世界观得到一个质的改造: 为人民服务、为工农兵服务, 向战士学习、向工农兵学习, 学习他们的革命精神, 学习他们的自我牺牲精神, 学习他们一不怕苦、二不怕死为人民服务的革命精神。

蔡兴海

手榴弹"打空炸" 鏖战上甘岭

英雄档案

蔡兴海，1931年5月生于陕西省泾阳县。1949年12月参军，作为志愿军第十二军三十一师九十一团八连四班副班长，参加了抗美援朝第五次战役、金城战役、反登陆作战等。在上甘岭战役中以手榴弹"打空炸"战法，杀伤敌人、坚守阵地，创造志愿军小群体作战范例，记特等功，荣获二级英雄称号，1953年3月加入中国共产党。

蔡兴海口述：

1951年3月25日晚上，我们告别祖国，走出国门。基层连队的干部跟我们讲：同志们，这次我们到朝鲜去的部队很多，我们这一去，从北到南一推就完，一瓶牙膏用不完，半年就胜利回国了。当时说的是很乐观，但是实际情况那不是从北到南一推就完，从第五次战役第一阶段转移第二阶段、上甘岭战役、金城阻击战、东海岸防御，我都参加了，在朝鲜度过了战火与艰苦的3年零2个月。

第五次战役第二阶段，三十一师九十一团身陷敌后，凭借坚定信念最终突围。

蔡兴海口述：

我军历来是善打硬仗的，要求共产党员干部冲锋在前，退却在后，要求每一个同志都发扬"一不怕苦二不怕死"的战斗作风，坚决相信团党委团首长能指挥我们突围出去。

部队采取了昼伏夜行，白天在山林里头抱枪和衣休息，利用晚上、阴雨天，哪里没有敌人，就往哪里行动。部队当时是很艰苦的，没有东西吃，就是野菜。要烧开水拿啥？都用铁丝提着美国罐头盒烧水。烧水没有火柴，有那个白石头碰碰一打冒火星，大小棉花一撕碰碰，一打一吹，就能够取火。部队不是直接往北突围，是往东南走，返到雪岳山跑到东海岸边上去，转了大弯子把部队带回来了。所以这个时候我深深地感到毛主席在《井冈山的斗争》一文所说的，红军艰难奋战而不溃散，支部建在连上一个重要的原因。

1951 年 11 月，蔡兴海所在部队进入金城，执行防御作战任务。尽管条件艰苦，但战士们坚强乐观，决心坚守阵地、杀敌立功。

蔡兴海口述：

东北产高粱米，给我们送那个来吃。我们班里的战士高学良说这句话，"现在我们的碗越吃越小，筷子越吃越粗"。你懂得这个意思不？因为没有热水，又冷，你吃点高粱米碗上必然粘得越来越多，所以叫碗越吃越小；不洗筷子，一吃就往那儿一甩，筷子不就是越粘越粗。

班里一个战士叫况厚胜，年纪最大，有的人说是老兵现在想老婆。况厚胜说："现在不想家不想婆，只想吃个热馍馍。"他突然又冒出一句："我还想立个大功去见毛主席。"这句话一讲，班长带头鼓掌，说"讲得好"，大家都说"讲得好，讲得好"。当时在朝鲜战场，由于我们受到积极的强烈的爱国主义、国际主义、革命英雄主义教育，战士们想立功的思想是相当

强烈的。

当时有两支歌里头有两句话，我印象很深。第一首歌就是"我撂倒一个，俘虏一个，撂倒一个，俘虏一个，缴获了几支美国枪"，这是战士们最爱唱的。第二首歌曲还有几句叫作"来来来，来一个班排连营歼敌大竞赛，你歼敌五十，我歼敌一百；来来来，来一个班排连营歼敌大竞赛"。这两支歌一唱，战士们的情绪就来了，劲头就来了。

1952 年 11 月 1 日，三十一师九十一团接防坚守上甘岭 597.9 高地。蔡兴海带领八连四班 9 名战士冲过敌军炮火封锁，傍晚 6 点进入最前沿的 9 号阵地。第二天早晨天刚亮，敌人的进攻开始了。

蔡兴海口述：

敌人飞机在我阵地上嗒嗒嗒扫射，地面炮火也向我们阵地开始打了，轰轰轰打得很厉害。组长韩道存在外面担任哨兵，腹部负伤了。他是河北人，战斗前几天才从军机关下来补充连队的，我叫陶远林赶快去换他。陶远林回来报告说："副班长，外面待不住人。"他说："你把人固定在那个地方，敌人一打炮，弹片还会杀伤人。"他建议用"出去快、观察快、回来快"的办法，代替固定人，减少伤亡，我同意了他的方案。大概过了半个来小时，敌人的炮火向后方延伸了。我一看敌人还有 200

多米就趴在地上没有动，他要是往上冲还得等一会儿，赶快叫大家回去进洞子。刚一进洞子，敌人炮弹就来了，有的还打的空炸，炮弹打到地面以上一百七八十米在空中爆炸，弹片就下来了。敌人炮火假延伸，欺骗我们，我们没上当，减少了伤亡。

20分钟后，敌军炮火突然停止，200多敌人向我阵地发起进攻。

蔡兴海口述：

这个597.9高地，好处是地形对我有利，地形是易守难攻。我打个小手榴弹，在一群敌人屁股后头爆炸，美国兵往上爬得更快了。我就赶快扔两个大手榴弹，美国兵马上就找附近的弹坑隐蔽了。我当时气愤地说："要想找保命的地方只有在美国不来，来了这里不保命，同志们，加油打呀！"况厚胜一看敌人拥挤得很厉害，挤得一大片，美国兵采用羊群战术，一个爆破筒扔出去以后炸了一大面、死了一大片。班长说："立功的机会到了，狠狠地打呀！"陶远林也说："立功的机会到了！"我就喊："向况厚胜同志学习，况厚胜同志打得好！"整个阵地口号声、欢呼声此起彼伏，既是在欢呼胜利，又是在向党和人民表决心，第一次把敌人的进攻击溃了。

战士们在激烈的战斗中英勇杀敌，连自己受伤了都不知道。

蔡兴海口述：

安文成说："副班长，咋我这里热乎乎的，还有点疼？"我说："你负伤了。""我啥时候负伤的？"我说："就是你打仰倒几个，你站起来投弹，负伤了。"还没有说完的时候，向太金回来了，他说："副班长，我耳朵被炮震聋了。"我说："进洞子，进洞子。"他听不见，"啥子啥子？"我们四川兵多，平时说话都是四川话。我说"进洞子"，"啥子啥子？"他还是听不见，最后他说："我还能打仗。"我们的战士在生死面前，他耳朵被震聋了，还向我表态能打仗，你说我们的战士伟不伟大、可不可爱？！

敌军炮火使9号阵地的工事尽数被毁，班长也英勇负伤。蔡兴海担起了指挥全班的责任，应对敌人的新一轮进攻。

蔡兴海口述：

我们采取了以大对大、以小对小。敌人来一个连，我们就出去三四个人，敌人来两个连，就全班七八个人都出去。敌人来得多，我们出去得多，敌人来得少，我们出去少，灵活地打敌人。

激战至中午，敌人的炮火逐渐减弱，步兵也退了回去。战士们回洞休整，口干舌燥、饥渴难耐，伤员们更是情况堪忧。

蔡兴海口述：

在金城战斗中我们二连的李金生坚守坑道数昼夜没有水喝，用牙膏精解渴，后来连里叫大家注意保存，在坚守阵地时只要没有水喝，用牙膏精也可以。这个时候我去摸牙膏精，况厚胜看到了，说："副班长，你的挎包被打了两个眼眼，你命大呀！"况厚胜在班里爱说个笑话，说："不是副班长命大，是美国兵的技术不高啊！"我笑了，大家都笑了。这个时候我把牙膏精拿出来，首先给韩道存含一点儿，大家都含一点儿。稍微像薄荷一样的，清凉了一点儿，感到舒服一点儿。

下午敌人改变打法，不再是羊群战术，而是小分队分散进攻，以减少被集中杀伤的危险。面对新情况，蔡兴海胆大心细，创造出用手榴弹"打空炸"的方法消灭敌人。

蔡兴海口述：

怎么"打空炸"呢？敌人来了以后，趴在地上分散。我投手榴弹，导火索一拉，在头上转一圈，手榴弹是5秒左右爆炸，这一拉在头上一转大概一两秒钟，投出去以后，刚好在趴在弹坑里的敌人的上空爆炸，弹片从空中飞下来，杀伤趴在弹坑里的敌人。

手榴弹"打空炸"，杀伤面积大，但也增加了投弹者的危险。蔡兴海和战友们为了胜利，已将生死置之度外。他们打退敌人7次进攻，歼敌400多人，己方只有3人轻伤，创造了志愿军小兵群作战的范例。1952年12月6日，《人民日报》头版以"志愿军某部在上甘岭创光辉战例"为题进行了报道。

蔡兴海口述：

对待侵略者，就是要用他们能听得懂的话和他对话，这就是：以战止战。抗美援朝这一仗，打出了国威，打出了军威，打出了新中国的独立和尊严；以武止戈，只有用胜利保卫和平，才能够赢得他们的尊敬！

1953年6月1日，蔡兴海被志愿军政治部记特等功，授予二级战斗英雄称号。他和黄继光、邱少云等英雄的名字出现在同一张《记功命令》上。

莫若健

敌工交心战 翻译立奇功

英雄档案

　　莫若健，1930年10月生于四川省成都市。1950年1月参军，同年10月抗美援朝出国作战，先后任志愿军第五十军一四九师四四五团二营四连文化教员、英语翻译、敌工组副组长、战俘营助理员等职。他发挥自己的英语特长，在翻译、教育和感化战俘方面做了大量卓有成效的工作。

　　莫若健毕业于华西协和大学附属高中，英语非常好。第一次战役中部队抓了个美国俘虏，但也带来了新的问题。

　　莫若健口述：

　　这个美国兵带了两部步话机，叫walkie-talkie，可以一边走一边讲话的，那个时候很新奇，步话机。但是，俘虏说的话，我们这些也听不懂。

　　这时有人推荐了莫若健，他去了一看，俘虏很紧张，原来是被美军对于我们的歪曲宣传吓坏了。

　　莫若健口述：

　　美军跟他们宣传的是共军抓住以后割鼻子挖眼睛，他很紧张。我首先就给他讲我们的俘虏政策，绝对不会虐待他，更不会杀他。我把情绪给他安定下来以后，领导一看我们交流自如，也就是简单地问他情况。他说了一些军事术语，当时我还不会这些单词，我一问他那一解释我就知道了。他当时最多像是一个副班长，掌握的军事情况不多，他知道他怎么败退的，志愿军怎么厉害。被打散以后，他手上拿着步话机，首长很感兴趣，让他演示，反正首长觉得挺满意，就说让我留下来。

此后一四九师成立了敌工组，任命莫若健为副组长。他立即在全师办起了英语对敌喊话培训班，还填写了一首《英语喊话歌》。

莫若健口述：

当时我们五十军的战士当中，很多是翻身的东北农民，利用他们熟悉的喜闻乐见的一个东北小调，我就编了个喊话歌儿——"学会喊话好处多，看到美国兵叫hello，hands up 是举起手……"那你见到美军，叫"hello，hello"就是"喂、你好"的意思，这样一下子消除了敌对。这样的话学习以后，有油印的歌单发给他们，他们回去教战士，事实证明这个很起作用。

1951 年 1 月 3 日凌晨，一四七师在高阳以北攻占英军据守的 195.3 高地，俘敌 37 人。当晚，又痛击英军皇家来复枪 57 团和英军 8 骑兵团直属中队，俘敌 227 人。

莫若健口述：

俘房都得往我们政治部送，那就是我的事儿。让他们每个人登记一下。关键就是我听那个俘房之间讲话，才知道他们营长也被俘了，The battalion commander is also among us，营长也在我们中间。我就向政训科的丁科长丁永连汇报，他说那你去查一下。我就仔细看俘房，我看一个年纪很明显大得多的，我就说："Mr. Battalion Commander, my boss wants to have a talk with you."说我的领导想跟你谈一下。他就没有拒绝。问他的姓名、年龄、家乡，什么都说，问他们的战略意图，他就不讲了，然后他看到那个丁科长有点生气，我记得他吓得跪下了。

莫若健后来被调到战俘营工作，他用事实有力回击了敌人的污蔑。

莫若健口述：

他们污蔑我们，说志愿军抓到俘房，割鼻子挖眼睛。我们不怕污蔑，每一个俘房来的时候我们都给他称了体重，记录了，他们都长胖了。我们从来不强迫他们做任何劳动，但是自己生活必须自理。我一个人管 92 个俘房，给他们讲为什么志愿军入朝，摆事实讲道理，让他们都知道战争不是我们发动的，是你们强加给我们的。给他们讲新中国，他们讨论了，讨论很热烈。完了以后就是课外活动，打篮球，打棒球。没有棒子，真正的棒球棍子没有，他们就在上山打柴的时候，选一些很好的木头，用破玻璃刮，他们一天有的是时间，就这样刮，做的棒球棍还挺好。我们就给上级反映，就反映到北京去了，马上就买真正的棒球发给他们。每一个战俘营要搞运动会，最少每年两次，完了发奖，我们就根据中央的指示，发了中国的工艺品，

他们肯定舍不得丢，他们
肯定回去要给他们的亲戚
朋友看，你说虐待没有？

从 1952 年 1 月开始，
美军秘密实施细菌战。莫
若健不仅要参加防疫，还
让战俘们认清了事实。

莫若健口述：
我们就开展了反细菌
战的运动。他晚上丢，白

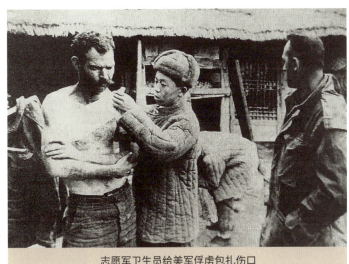
志愿军卫生员给美军俘虏包扎伤口

天就规定了每一个志愿军战士，衣服袖口
要扎紧，裤脚扎紧。每人发一个牛皮纸的
袋子，一个夹子，就不能用手去夹，要用
夹子夹起来。每天早上这样做，然后集体
焚烧。

我们开始教育战俘，说你们美国人搞
细菌战。他们不信，怎么可能，太不人道，
我们美国是很人道，等等。后来美军在志
愿军战俘营，就是副官处所在的碧潼战
俘营，扔了一个细菌弹，这下战俘们没
说的了。

1952 年 2 月 10 日上午，一场激烈
的空中格斗在莫若健所在部队驻地上空打
响，没过多久，两架飞机一前一后拖着浓
烟栽了下来。志愿军飞行员张积慧成功跳
伞，志愿军总部指示一四九师前去查证敌
机飞行员情况，莫若健随同前往。

莫若健口述：
第一天出动了一个营，就把那个山包
包围起来，也没跟他们讲干什么，就说仔
细搜索，发现任何东西的话就把它完整保
留交上去。第一天一个营没有任何收获，
然后志愿军司令部就下命令，增加一个营。
两个营基本上就是手牵着手上去了，我们
也参加了，仔细搜寻，结果到一个地方找
到了一支手枪和一顶帽子。帽子上还有一
个铁牌儿，铁牌儿上有名字，Davis。然后
把东西收集交上去以后，志愿军司令员非
常高兴，帽子的铭牌证明了他就是戴维斯，
所以给张积慧记了功，张积慧就成了全国
人民很熟悉的击落美国王牌驾驶员的英雄。

莫若健通过兵籍牌，确认了戴维斯的
坠机地点为朝鲜博川郡三光里北 2 公里的
山坡上，成为非常关键的历史见证者。

涂泊毅

毁容伤残弭战火 自强自立谱新篇

英雄档案

    涂伯毅，1931年12月生于四川重庆云阳县。1949年参军。1950年10月抗美援朝出国作战，作为志愿军第四十二军一二六师政治部工作队的一员，曾参加过第一、二、三、四次战役，在汉江北岸战斗中被敌机的凝固汽油弹烧伤致残。他凭着顽强的意志和不懈的努力自强不息，通过演讲、演出、书法、诗歌创作等形式，弘扬伟大的抗美援朝精神。1982年加入中国共产党，曾获"全国模范退役军人""最美拥军人物"等称号。

    1951年2月14日，是改变涂伯毅命运的一天。他和战友们在汉江北岸文福里山坡的阵地上阻击敌人，遭到美军飞机袭击。

涂泊毅口述：

    我眼瞅着敌机过来了，当时因为是下午，光线很强，虽然没有太阳，但天空很亮。逆光的条件下，我模糊地发现，第一架投了个什么东西下来，当时我不清楚，我想那个东西是不是个炸弹？我就赶快把我的手指脚趾紧抠大地，准备接受冲击波，因为冲击波的力量很厉害，外面没有伤，但你的内脏受到大的冲击波是要吃亏的。

    从天而降的并不是炸弹，而是美军飞机投掷的凝固汽油弹，涂伯毅瞬间意识到情况不妙。

涂泊毅口述：

    就像那个气浪爆炸喷出火焰，整个山变成了火海。当时我在火海之中，我的头脑很清醒，我一想：哎呀咋个办？我右边有一个悬崖，我还记得清我只能向右方撤，这个问题还没想好，我突然又想：哎呀我身上还有弹药，还有两颗手榴弹怎么办？我当时就害怕这个爆炸物把自己伤害了。

我就连弹带衣裳脱下来，我就向山坡低洼的方向使劲儿把它掷出去，然后我再把身上的子弹拿下来也扔掉，然后右转弯一股直线杀出去。当时就这样想，如果杀出去了，我就可能脱离那个险境，杀不出去当然就只有革命到底了。因为我知道这个爆炸物的具体方向，基本是在我左前方的位置。结果我那个行动还很奏效，真的就杀出火海了。当时身上还有火在燃烧，我就一边扑灭火焰，这个时候才发现我身后不远的地方有一个很小的石洞，就冲进去了。这个时候我才感觉到身上烧得痛，之前不知道痛是因为注意力没在那个方面。我就发现我的手烧卷曲了，我看到有皮肤掉下来，就是露在外面的皮肤，因为脸和手暴露在外头，其他地方还有军装顶着。我那个军装幸好头一天结了冰的，对热源还抵挡了一下，所以身上其他的部位烧得轻一点，只有暴露在外头的脸和手烧得严重一些。

紧接着，第二轮攻击接踵而至，几十发炮弹从一江之隔的敌军阵地上呼啸而来。

涂泊毅口述：

敌人的炮兵，射了几十发炮弹，当时我在洞里头，我怎么办呢？我还要接受冲击波。我把嘴张开，地上还有沙尘，结果满口都是沙子灰尘。因为那个空气振动，还有很大的冲击波，所以我的头有点晕沉沉的那种感觉。

敌人的轰炸、炮击从下午 3 点开始，持续了两个小时。涂伯毅在石洞里躲到夜色降临才被接应下山。

涂泊毅口述：

运出来当时我眼睛还看得到，卫生员打开卫生包又拿出一把剪刀来，干什么呢？把我脸上手上烧焦的皮肤修剪修剪，但是我也不知道，我总感觉我的面部和双手都是胀的。我还记得有个同事说，他说不只流的血液，好像还流着淋巴体液。战场上的包扎比较简单，当时把我眼睛蒙起来了，耳朵也包起来，手也包起来了，简直啥也看不到了。

1951 年 3 月，涂伯毅被转送回国内救治。在经历了 8 次修复、整形手术后，涂伯毅的伤情才有了一些好转，但伤情实在难以承受。

涂泊毅口述：

首先抢救我的眼睛，所以我现在眼睛还比较好。后来做鼻子那部分，脸部是分几次来做的，所以颜色深浅都不一样，后来又做我的手。他们一般也不给我镜子看，我有一天在一个小池塘边，我从那个水里头看的。第一次看，当时心里很难过。所以很长时间我都不到街上去，我都不让人家看的，但是有时候也没得办法，我还受过一次刺激，我曾经把一个小孩吓哭过。回来我也哭，我说这样怎么办？

1956年，25岁的涂伯毅住进了四川省革命伤残军人休养院。在组织关心下和不断学习中逐渐意识到：身体的残疾并不可怕，可怕的是精神上的颓废。

涂泊毅口述：

我还记得，当时休养院党委组织我们伤残军人学习，这些好书对我们伤残军人来说，确实起到了很好的作用，帮我们克服困难，战胜伤残上的困难。读了那些书我就明白，我把我的青春献给了祖国，我不后悔。我说我活下来就是一种幸福，我应该好好地生活一辈子。

为了丰富伤残军人的业余生活，休养院当时成立了伤残军人业余演出队。涂伯毅不但学会了电工和舞台美工，还学会了舞蹈表演、合唱指挥和打击乐器。作为爱国主义教育基地接待组的主要成员，进行红色主题演讲上万场。他还克服手部伤残，

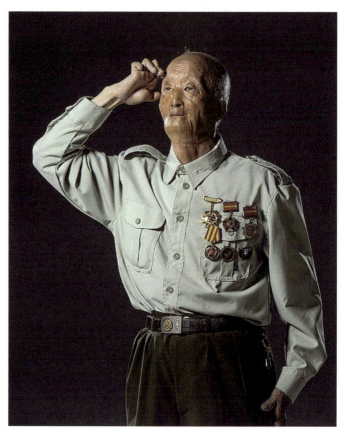

苦练书法，创作诗篇《我们的心永远忠于党》——"没有眼睛照样读书看报，没有双手一样写字弹琴。两腿瘫痪能用双手劳动，没有双脚也能疾走飞奔……"

涂泊毅口述：

虽然我的手被烧卷曲了，但是我的革命意志没有卷曲。虽然我的脸部改变了，但是我的灵魂没有改变。我仍然是爱党爱祖国爱人民的，这个没有变。对人民有利的我们都应该去做，而且还要比正常人做得更好。

毛敬仪

译电员的特殊经历

英雄档案

　　毛敬仪，1932年3月出生，河北静海人。1949年3月入伍，1951年1月抗美援朝出国作战，时任第三十九军司令部机要科机要员，他遵守纪律、保守机密，不惧生死、履职尽责。1954年3月加入中国共产党。

　　作为司令部机要科译电员，特殊岗位的重要性让毛敬仪唯勤唯谨。

　　毛敬仪口述：

　　当时我们部队住在朝鲜成川郡，我所在的机要科，任务主要是对军属各师传达中央军委和志愿军司令部的作战指示。因为首长那时候主要靠无线电指挥作战，靠这个密码来指挥。比如毛主席的这个指示，直接通过电报发到军里，军里再发到各师，这样子一层一层地往下传，所以说在这一方面要求是很高的。工作没有白天也没有黑夜，更没有假日，一天24小时，不管什么时间来了电报，随发随译随送，要及时送到首长那里去。

　　工作没日没夜不说，最重要的还要求高度的纪律性和良好的记忆力。

　　毛敬仪口述：

　　因为上级对机要工作人员有一个要求，就是一定要做到心细如发，守口如瓶。二人同行制，个人不能单独活动，这是由工作性质所决定的。那时候要求我们机要员每个人要掌握3000个汉字，就是说要把常用的字基本上都记下来。只有你记下来，你在发报的时候，或者收报的时候，才能够做到又快又准，争取时间。因为时间就是胜利，要分秒必争。记字那是很枯

志愿军第三十九军伏击敌军

燥的、非常费脑筋的事情，一个字记错了，很可能就造成血流如洪，因为一字之差，可以造成巨大的损失。所以在这一点上，不允许有任何的失误，必须做到万无一失，准确无误。

机要部门虽然不在战斗的最前沿，但同样也面临着生死考验，主要威胁来自于敌机的空袭。

毛敬仪口述：

正月初一按照中国人的传统习惯是要吃饺子的，我们的饺子都已经包好了，还没有煮，美国的飞机就来了。空袭警报一响，就得赶紧进入防空洞，平时有的时候我们是在老百姓的小平房里头。从早晨6点，一直空袭到晚上6点。跟我在一起工作的有一个同志，到现在我还记得他的名字叫刘接风，因为要防空，就得从房子里头跑出去，在跑的过程中，敌人的飞机俯冲下来，就开始投弹扫射，这个弹片下来以后，当时就崩到他的心脏，马上就牺牲了。这个时候敌人的飞机又来了，就是反复地扫射、投弹、投弹、扫射，反复弄了一天时间，所以那一天三十九军一共牺牲了70多个人，大家都非常悲痛。

身为机要部门的一员，毛敬仪视密码

如生命一样宝贵，不敢有半点闪失。

毛敬仪口述：

如果上哪里去，要是拿着密码，都有武装保卫，不是我这个人值钱，而是那个密码要是丢了，就泄密了。

敌人要知道我是机要科的，那首先得把我抓去啊，抓去一个机要人员他们会感到如获至宝啊，全部核心机密，就都被弄去了。所以那个时候机要人员政治条件要求很高的，觉悟要求很高的。知道多少事情都不准说，一个字都不能说。

70年过去了，受过战争洗礼的毛敬仪至今仍然保持着军人的本色。他始终不忘初心，将抗美援朝精神视为弥足珍贵的精神财富。

毛敬仪口述：

有两个具有纪念意义的70年，值得我回忆。一个是新中国成立70周年，一个是抗美援朝70周年。那时候跟我一起参军的战友不少都不在了，有的在战争年代就牺牲了，有的以后也没有了，像我这90岁都算高龄的。所以现在的胜利确实是用鲜血和生命换来的，来之不易，应该倍加珍惜。我把现在作为起点，要活到老学到老，革命到老，抗美援朝精神要永远弘扬。

叶发坤

破晓之战炸暗堡 失去双腿为胜利

英雄档案

　　叶发坤，1934 年 7 月生于四川省金堂县。1952 年 2 月跟随志愿军第六十八军二〇四师六一一团一营一连抗美援朝出国作战，1953 年 7 月 23 日在桥梁山反击战中，为了炸毁敌人的暗堡，身负重伤失去双腿，被评为一等三级伤残。

　　入朝作战前，部队突击学习英语，用于对敌喊话。

　　叶发坤口述：

　　我最感兴趣的喊话学习，是教了一些美国话，我学了学。因为我文化程度太低了，现在我还记得就是"缴枪不杀"。那个时候我们学了这个，就这么喊话，美国兵听到我们喊的口号"缴枪不杀"，他就把枪举起来了。

　　叶发坤掌握了用中文音译的对敌英语喊话，现学现用，在抓俘虏的过程中还真派上了用场。

　　叶发坤口述：

　　当时是这样子的，晚上天刚黑的样子，

一般在执行任务的时候，我们都是 3 个人组成一个小组。我听耳边有响，响就可能是野猪，朝鲜野猪也多，弄不好是野猪来了，野猪进攻可能伤人。我们以为遇到的是野猪，就在那里反复想，野猪怎么没有动。就那样想的时候，就看他戴的帽子不一样，穿的衣服不一样，然后我们就把刚才上面教我们的那个话喊了一下，喊了一下很有效果，他立马就起来了，手马上举起来了，走过去，那个美国兵还是规规矩矩地交枪了。所以"借他的骨头搞他的油"，就是这个意思，就是我们学会使用他们的

《逛新城》
表演者：叶发坤
周应琼
摄于1977年

1977 年，叶发坤参加文艺演出

各种武器，消灭他。

1953 年 7 月，金城战役打响。叶发坤担任爆破手，去摧毁敌人的暗堡。进攻中，前面的战友牺牲了，他也左腿负伤，咬牙坚持完成任务。

叶发坤口述：

我这边中弹了，我这只腿当时被打了，就站不起来了，我就翻那个战壕，在战壕没有好高的地方，翻出去在战壕的梗地上，我打一下再翻身上去，再把手雷甩下去，就把暗堡炸掉，炸掉以后我就不记得后面发生的事。

原来叶发坤完成任务准备返回时，就在翻出战壕的那一刻触发了地雷，右腿瞬间被炸掉。当时天降大雨，受伤后的叶发坤在地雷炸出的凹坑里开始自救。

叶发坤口述：

我们学过自己包扎自救。那天晚上下雨，下一宿雨，这个腿抬起来，那个血管在出血。不紧急抢救，不包扎一下，我可能当场就牺牲，我心里当时是那么想。我就屈腿，把急救包，我那天带得比较多，就把这个捆上，把这个腿上都包扎得不透了，隆起来，就包这么大一坨。把那个血管露肉的地方，主要是捆这个地方，把下边弄起来再捆，捆在上面这个地方，就不晓得再咋个办了，也没得精力了。我还剩个手雷，做枕头，就垫着。上面把部队发的雨衣，把雨衣就那么弄下盖着。晚上 10 点受伤，早晨 4 点才下阵地。

叶发坤炸掉暗堡，为战友们清除障碍、夺取胜利，但他却永远失去了双腿。这一天，离停战协定签署只有两个星期。

叶发坤口述：

不管你美帝国主义，你飞机加大炮，我小米加步枪，同样把你打赢，就这么想的，每个人都树立这样一个观念。只要我还有一个人，阵地就在。在那个满是炮火的年代当中，我是个幸存者，我看到了祖国的美好河山，特别是看到了改革开放 40 年，我们国家更加强大更加富裕，我们的人民更加富裕了，我流点血负点伤值了。

林家保

身中八弹不后退 血肉之躯炸坦克

英雄档案

林家保，1927 年 6 月生于云南姚安。参加过抗日战争、解放战争。1950 年 10 月抗美援朝出国作战，任志愿军第五十军一四九师四四五团一营教导员。在第三次战役中，他身中八弹，浴血奋战，率部攻占水原 381 高地；又指挥部队创造了用手榴弹歼灭敌军重坦克的经典战例。

1951 年 1 月，一个风雪交加的夜晚，林家保接到命令，率部插到水原城守敌侧后，占领 381 高地。

林家保口述：

我拿指北针在图上反复量，381 高地，有多远？图上两点是多少距离？那么按照我们平时的行军速度，1 个小时走多少公里？图上量多少公里？要走几个小时能到，方向找准，那个时候又不知道路。怎么去的？后来我真找到了 381 高地。大概还有七八十米远，有敌人的暗堡，人家挖了工事做了暗堡还挖了交通壕，我们并不知道，完了以后当时我想在图上再看一看这个位置到底对不对。因为是晚上，平时也不知道这个地形，校正一下，当我打开地图，手电筒一照，曝光了，敌人发现了，探照灯一开，我们全部暴露。

当时志愿军正处在两山之间的"鞍"部，形势非常不利。

林家保口述：

敌人轻重机枪一起开火。当时我一看，我们的地形不利，在山下，人家在我们上面。狭路相逢勇者胜，这是遭遇战的原则，不把敌人消灭不行。所以这样当时就来了个全连去冲锋，必须拿下阵地。

当林家保醒来时，志愿军已经胜利占领 381 高地，他先后身中八弹，右肺叶被子弹带出体外，伤势严重。抬下阵地后立即手术，切除肺片，送回国内养伤。两个多月后，已被评为二等乙级伤残的林家保，谢绝了组织照顾性的工作分配，来到鸭绿江桥头，搭上军车，重返战场。

1951 年 1 月 3 日，林家保率部沿高阳向汉城方向追歼南逃之敌。追到仙游里以南的 127 高地，与装备有"百夫长"式坦克和"喷火坦克"的英军二十九旅狭路相逢。

林家保口述：

过去没有见过，也没有听说过，那算是一个新式武器，它喷出来那个火，可以 50 多米，那个喷出来的火里边带着铁砂。当时我们一听，火喷出来以后丁零当啷地发响，那个铁砂互相之间碰撞有声音，所以不知道什么后来烧的人，人一烧马上就缩小了，杀伤力很大的。

当林家保接近敌人主阵地时，从前方 10 米开外的一个暗堡里喷出一道火舌，子弹分别射中了林家保的右肩和腹部。

林家保口述：

这挨了三枪，这个手不能动，因为我负伤了，肺部负伤，一股气血就冒出来，冒血说不出来话。

面对首次较量的重坦克，志愿军反坦克手利用地形，贴身近战，敢用生命夺胜利。

林家保口述:

只有手榴弹,手榴弹也不多,要不是连续战斗,爆破筒、手榴弹、炸药包也不多,连续战斗补不上。所以战士只有爬上坦克,把坦克的盖子撬开,往里面投手榴弹,那个效果比较好,一个坦克里边一个手榴弹,是不是基本上就报销。但是这个不容易做到,战士上了坦克以后往里边得撬盖儿,那个坦克炮塔一转,就把我们的战士甩下来,所以很艰苦的,就是来回拼。好在地形对我们有利,因为公路两边都是水稻田,对敌人的坦克行动有点不便,所以在公路上来回打他们也施展不开,我们正好抓住机会一辆一辆地消灭。总体来说,那都是用生命换来的胜利,那个时候也顾不得,就是必须要消灭敌人。

敌人"喷火坦克"从前面喷火,反坦克手就从后面上;它从后面喷火,反坦克手就从侧面上。一个爆破组通常有5人,两名冲锋枪射手负责掩护,切断敌步兵和坦克的联系,其余人员分第一爆破手、第二爆破手、第三爆破手,前仆

后继直至胜利。

林家保口述:

后来打完仗以后抓了俘虏,他们坦克营的营长叫柯尼斯就问我,他知道我是首长,他说:"你们用什么炮打的我们的坦克?"我说:"我们用的是手榴弹炮。"他不相信,他说:"我不相信你们用手榴弹。"但是我们就是手榴弹三四个绑在一起,塞坦克的履带里面,炸履带,履带炸断了,坦克动不了了,别人没有办法。但是手榴弹不多怎么办呢?就上坦克撬盖子,往里边扔手榴弹。但是一般盖子撬不开,这是什么办法都想尽了。坦克有个瞭望口,战士就上旁边的稻田里面抓把泥巴,把那个瞭望口封了,他看不到来回转,也不敢开盖,一开盖我们往里边就打。所以就这么拼,所以转来转去,就撬盖子,就那么消灭的。

经过 3 个小时激战,志愿军歼灭英军二十九旅皇家来复枪第五十七团一部和英军第八骑兵(坦克)团直属中队全部,炸毁敌坦克和装甲车 27 辆,毙、伤敌 200 余人,俘敌少校营长柯尼斯以下官兵 227 人。1951 年 2 月 26 日,《人民日报》对这一经典战例进行报道。

王胜华

60 天抢建 129 公里 龟殷铁路胜利通车

英雄档案

　　王胜华，1931 年 12 月生于陕西省蒲城县孝通乡府华村。1949 年 12 月参军，1953 年 2 月抗美援朝出国作战，时为铁道兵第五师二团二营四连三排战士。他和战友们仅用 60 天时间，克服山河阻隔、气候严寒、敌机袭扰等重重困难，完成抢建 129 公里龟殷铁路并胜利通车。

　　刚到朝鲜，铁道兵第五师就接到了两个月时间抢修龟殷铁路的任务。龟城至殷山 129 公里，要穿过龟山、久阴山等 4 座大山，跨越大同江、清川江等 6 条河流，施工难度大、时间要求紧，还要应对美军飞机的频繁轰炸。

　　铁道兵指战员首先得解决住的问题。

王胜华口述：

　　没有房子，没有东西，就把这么粗的桐树砍倒，支成架，架成一个个三角形的简易房子，一个挨一个摆过去。睡的床呢，用这个桐木，左右搭一下，一个一个挨着摆过去。不平的地方，山后面有山毛草，用镰刀割了，捆成一捆一捆的，回来给铺上。再把志愿军发的那种四方的胶皮雨衣，一块一块接连起来，天下雪下雨的时候，可以把水流下去，不至于漏到被窝上面去。总的来说，朝鲜气候寒冷，就这样住下，睡觉不敢脱衣服，冷得很。

　　时值严冬，别说施工，就是要在地上刨个坑也是非常困难的事情。

王胜华口述：

　　部队到了工地以后，是开挖方，拿洋镐一刨，不是刨出一大块，是刨出一点点，刨个土角角。没有办法，就用钢钎拿锤子锤，掏出这么大个圆孔，掏到一米五六以后，把炸药包塞进去。

掏这炸药孔的时候，拿锤子砸，崩得血顺着手背往下流。天气冷，有的时候手上裂了口子，没有办法，拿胶布缠起来。

脚冻得不行，浑身冷，你在工地，活动不开，脚冻得麻木了，不知道啥感觉了。排长吹哨子，大家起身跳跃，不能停下来，停下来血脉不好好流。你跳跃，把血脉跳活，冷得就不那么厉害。

但是，军令如山：1月入朝、2月开工、4月完成。铁道兵第五、六、七、九、十、十一师共6个师在129公里的施工沿线依次排开，克服诸多困难，与时间赛跑，突击施工。

王胜华口述：

部队在工地进行劳动大竞赛，看谁跑得快，看谁干得最多。像这样的时候，就没有慢慢走的。朝鲜冬天2月份天气还是很寒冷的。战士们把棉衣脱掉，在绒裤子绒衣外面穿上工作服，两手抓起两个土篮跑起来，热得汗流满面，都顾不得擦，紧张得很。我那个时候21岁，正欢得很，平常我的脑子也比较灵活，肯摸窍门。扁担拿起来这边一挂、那边一挂就跑了，倒的时候，他们都是一个一个地倒，我摸出一个窍门，担起扁担，提着五六步往前一拥，一下子就倒光了。干了两个小时以后，连里头进行盘点，让大家休息一下。我们指导员在总结会上说："这一次比赛，最快的是王胜华，对这一次劳动竞赛当中成绩

志愿军铁道兵正在架设 13.5 米长的轻便构架桥

显著的王胜华，给予阵前嘉奖。"

经过艰苦奋战，1953年4月5日，龟殷铁路终于建成通车。其中，龟城至介川段比原计划提前1个月通车。这意味着：每提前1天就可向前沿部队输送3万吨作战物资，运送整整1个师的部队。

王胜华口述：

总工程师说，按照他几十年的经验，就是最快的速度，快到极致，都得半年到七个月时间。但是我们部队接受任务的时候，前线战备物资紧张，正常的运输线不能正常地运输。美帝国主义的飞机，把我们的铁道桥梁炸坏、公路桥梁炸坏，在这样的情况下，迫切需要这条铁路赶紧修成功。原来西线有铁路，东线有铁路，唯有中线没有铁路，把这条修完以后，东线、西线和中线连贯起来，调兵、运输战略物资就方便了。

游长禄

从"陆地猛虎"到"蓝天雄鹰"

英雄档案

游长禄，1932年3月出生，四川省开江县永安乡人。1949年12月参军，在第四十二军军政干校学习。1950年10月跟随志愿军第四十二军一二五师三七五团参加抗美援朝出国作战，1951年4月至1952年1月，在空军长春第一预科总队做飞行学员。在陆军、空军都表现出色，1956年6月加入中国共产党。

第二次战役中，战友用机枪击落美军飞机的事迹让游长禄记忆犹新。

作为一名新兵，游长禄在战斗中不断历练、成长，几次战役场景至今历历在目。

游长禄口述：

三七五团在和美国鬼子打仗的时候，美国鬼子的飞机扫射、轰炸，疯狂到了极点。美国鬼子的飞机不是一架，是一群，来扫射，把我们三七五团的战士打得伤亡很多。我们的战友在美国鬼子从山头上往下打的时候，端起机枪就把美国鬼子的飞机打掉了，那是我最感动、最佩服的，这是最刻骨铭心的事。三七五团是抗美援朝时首次用机枪打掉敌机的部队，我那个战友脸蛋红红的，个儿跟我一样高，我羡慕到极点了，这是第二次战役。

游长禄口述：

第三次战役攻破了三八线，那次是全线出击，这是一次大胜利。我那个时候是新兵，跟着部队，所以叫怎么打就怎么打，叫怎么跑就怎么跑，叫怎么冲锋就怎么冲锋，前面有做榜样的，班长、排长、战斗组长那都是好样的，说冲就冲，说掩护就掩护，没有一个怕的。

那时穿的是朝鲜军服，带垄沟的棉衣棉裤。下山的时候，过三八线，不是走，就是滑雪。屁股是滑雪垫，嗖嗖嗖，嗖嗖嗖，滑雪把棉裤磨坏了。到三八线南面的朝鲜老百姓那里，朝鲜老大娘把我抱过来，就像对她自己的儿子一样一样的，她要给我缝上，我自己没敢叫她缝，把针抢过来自己跑到一边去缝。老太太真好啊，送来一块布，一把抢过来，给我缝上补上，补完了在屁股上打一巴掌走了。哎呀，我真想这个老太太，真好啊。

第四次战役结束之后，部队进行休整，游长禄迎来了人生的一个转折点。

游长禄口述：

要从战场上，一个军挑 100 个飞行员，要经过战争考验的，建立强大的空军部队，我又被挑上了，这就是一个大转折——学飞行。

游长禄由一名陆军战士转为空军飞行员，开始了如饥似渴的学习，日复一日地训练。

游长禄口述：

首先是文化问题。三角函数我小时候没有学过，家里那么穷，我就学了一年的文化。飞机怎么飞起来的，飞机动力学，飞机因面积产生升力、产生阻力，升力公式、阻力公式，这些东西学起来是非常困难的，但是我们都学过来了。最后成了 4 种机型的飞行员，白天、晚上、复杂气象，都能飞，都能作战。

由于中国空军刚刚组建，装备相对落后。游长禄在学习、训练中，善于发现问题、解决问题，在实战中不断摸索总结经验。

游长禄口述：

我们那个时候就把飞机改装了，把机翼加长，美国鬼子飞机飞得高啊，我们飞不上去了，就算飞机上去了，也像树叶似的飘，操作不了，打不了。

美国鬼子下雪天来，干什么呢？钻山沟，我飞的飞机是 4 种机型，白天、晚上、下雨都能打仗的飞机，有雷达，可是打不了美国鬼子的 P2Y、U-2，没有办法。那时候在浪头的十六师独立大队要打这个飞机，讨论的时候，我就提出来，说雷达不行，能抓地面，抓不了敌机，能不能在飞机上安上灯？只要我飞到敌人后面，我一开灯把他照上了，打不下来也要把他撞下来。我们领导采纳了我的意见，把探照灯小型化，安到飞机上，经过几十次的训练，实验成功了。

此后，游长禄飞行了 30 多年，积累了丰富的飞行经验，也为中国空军培养出许多飞行人才。

汪一新

指挥高炮 痛歼敌机

英雄档案

汪一新，1933年2月出生，安徽省芜湖市湾沚镇人。1949年12月参军，1951年3月抗美援朝出国作战，历任志愿军第六十军高炮三十七营三连排长、副连长、代理连长，参加了第五次战役、上甘岭战役、反绞杀战、反登陆作战等，1953年3月加入中国共产党，荣立三等功2次，荣获抗美援朝军功章。

在抗美援朝战场上，从皖南军校投笔从戎的学生兵汪一新算是科班出身，他写了血书加入高炮部队，刚出国就参加了第五次战役。

汪一新口述：

经过5天4夜，我们到了读书堂占领阵地。当第五次战役开始的时候，我们这些步兵遭受到敌机的俯冲轰炸，在掩体里面伤亡很多。我们高炮看到了有一个敌人的宣传机，这个宣传机在上面宣传，说志愿军你们听好了，美国有飞机、坦克、大炮，你们是打不过的，你们很快地缴械投降吧。这也太气人了，当时我就指挥，瞄准那个宣传机，炮弹就上去了。咱们的那

个炮弹是榴弹，打坦克用穿甲弹，打飞机用榴弹，一打就爆炸，开始一个点射上去，嘣的一下子，把那个飞机打下来了。

上甘岭战役中，汪一新任三连代理连长，担负着侧翼阵地的对空掩护任务。

汪一新口述：

在这次战役当中，我们怎么样掩护步兵的进攻和防御呢？首先，我们的高炮在前沿能不能站住脚？因为你暴露在明显的地方，敌人的地炮就把你摧毁。这样的时

候我们工兵就打坑道,在步兵阵地的后山打进去,打了一个又一个的炮位,坑道打好以后我们就进入阵地。在进入阵地的时候不能在白天,因为在白天敌人发现以后,飞机就来向你轰炸,我们利用夜间一门炮一门炮地拉上去。用绳子前面拽后面推,就好像人走路一步一步地往上移,身上的汗把衣服都湿透了。

你知道我们的阵地有多高?883.7米,很不容易,所以一门炮一门炮拉上去,讲起来很简单,一晚上也就只能拉一门炮,800多公斤。经过6天的夜间苦战,在步兵1个连的协助下,克服种种困难,才把4门三七高炮拉上山。你拉上去还得伪装好,主要是用树枝、草,弄棵小树在那撑着,人员都是用那个草编的伪装网,炮就在里面,外面一伪装,就和自然山体一样。

战斗打响后,汪一新指挥隐蔽阵地中的高炮对来犯敌机集中火力射击。

汪一新口述:

敌人首先来了侦察机进行侦察,我们对洞口进行伪装,敌人都没有发现。然后敌人的F-84、F-86来了将近50架,对我们前沿部队进行了狂轰滥炸。我们这个连就发现其中有一个指挥机,这个指挥机就是右一摆左一摆进行指挥。我们就瞄准了这个指挥机,全连开始射击,结果就把这个指挥机给打掉了,并且我们侦察排很快

地出动,把这个敌人空中指挥员抓住了。所以敌机一看他的指挥机被打掉了,很快都逃窜了,保证我们部队反击的对空安全取得了胜利,这是我在抗美援朝当中最光荣的一次。

在反敌空中绞杀战期间,独立高炮营接到了保卫志愿军运送物资的交通枢纽——高原火车站的任务。

汪一新口述:

有一次,火车正是进站的时候,来了七八十架F-84和F-86,那是比较先进的,到车站的时候,进行俯冲投弹扫射。这个时候我们就和他们打起来了,我那时候是代理连长,一个炸弹下来,就在我附近,多亏是一个山坡,这块一下去,它这个弹片往上,这个气浪把我从炮的这边一下子甩到那边去了,我和指导员两个人都甩过去了。当我们醒了以后,爬起来,继续指挥。结果飞机走了,保证了这个车站物资的安全。

汪一新在朝鲜7年半时间,他体会到战争中武器是重要因素,但不是决定因素,决定因素是人而不是物。

汪一新口述:

以我之长击其之短,这样才行。敌人的短就是怕苦怕累怕死,因为他们待遇很

高，部队的一个兵顶我们现在的一个将军，所以他们怕死。我们部队最大的优势就是一不怕苦二不怕死，脑子里考虑的就是胜利，不考虑其他。

比如，我们向敌人方向进攻的时候，敌人也在山头上，他们以为我们从那个山路上走，所以那个地方他们很重视，派了岗哨，其余的人就在山上盖着带拉链的鸭绒被睡觉，喝牛奶吃面包。我们怎么消灭他们？我们就从悬崖边往上爬，手指都出血了，几百米高爬上去，掉下来就摔死了，冲锋枪上绑上手电筒，摸到他们睡觉的地方，手电筒一推，这不就亮了吗，照到哪儿就嗒嗒嗒，一打一大片，一死死一片敌人，就是这么胜利的。我们的长处就在这儿，想办法，怎么把我们的劣势转变成优势，敌人的弱点我们能抓住，这样我们不就胜利了吗？

汪一新 1958 年回国，1967 年 1 月参加援越抗美对空作战，1967 年 9 月底回国，应邀参加了北京天安门国庆观礼。后任原六十四集团军副军长，1988 年 9 月被授少将军衔。

何世露

"黄继光精神激励我前进"

英雄档案

何世露，1935 年 2 月出生，四川省中江县陈官镇人。1952 年 12 月抗美援朝出国作战，志愿军第四十军一一八师三五四团九连战士。他以黄继光精神激励自己，受伤不下火线，立三等功 1 次，并几十年如一日，学习英雄、宣传英雄，急难险重冲在前。

1952 年 12 月，黄继光的追悼大会在他的故乡中江县举行。英雄事迹让 18 岁的何世露深受感动，产生了参军报国的念头。

何世露口述：

回来以后我就对爸爸说，我想参加志愿军。爸爸说这是个大事，开个家庭会吧。上战场意味着什么，谁都很明白，自古征战几人回？最后老姐讲话了，她说："我支持弟弟参加志愿军，弟弟 18 岁了，有理想有追求，不是一时冲动，他走以后，家中的事情我负责。"紧接着爸爸也说："孩子要参军这是一件好事，抗美援朝保家卫国人人有责，翻身不能忘了共产党，让他去，保家卫国，没有国哪有家？"这样全家都通过了，同意我参加志愿军。

"六旬老翁送独子上战场"，当时传为佳话。出发前，黄继光的母亲邓芳芝前来为他们送行。

何世露口述：

她语重心长地讲："娃娃们到了部队，不要想家，要听首长的话，到了朝鲜，要勇敢杀敌，争取早日把立功喜报送回家，当英雄。"黄妈妈这些朴素的语言，70 年来我牢记心中，并付诸行动，用实际行动来回应黄妈妈的关怀。

立功奖章奖状奖品

1952 年 12 月，何世露随军到朝鲜西海岸执行反登陆反空降任务。他和战友们完全靠手工作业挖坑道，做好和敌人长期作战的准备。

何世露口述：

那不是一般的坑道，要防原子弹、防毒气。我们昼夜施工，不是机械施工，完全是手工作业，手上都是血泡累累，有的化脓了，还有人虎口震裂了。一天有时候 12 个小时劳动，有时候 24 小时连轴转，不叫苦、不怕累、不怕死。

有一天，我们一个连正在施工，遭到敌机轰炸。在离我不远的地方，一枚炸弹下来了，炸弹的气浪把我抛得老高老高的，最后把我摔到一个弹坑里面去了。空袭结束以后，战友们找我啊，怎么少个人？老何咋不在啊？大家就四处找我，最后在弹坑里面把我扒拉出来。救出来的时候，我的鼻子、嘴流了很多血。连长看见以后，就叫卫生员赶快把我抬下战场。我说我不能下战场，从参军那天起，我早已把生死置之度外，这点伤不算什么，我们上战场来，代表着的是黄继光，代表着英雄家乡的人民，我的立功喜报还没送回家，我离开战场干什么？不能离开战场，死也要死在战场，这样我就始终奋战在第一线。

何世露在入党申请书中写道："一腔壮志当许国，此时不报待何时。"他长期忍受伤痛折磨，坚持工作。团里奖励他一件印有"人民功臣"的白背心，一直保留至今。

何世露口述：

军人是刀尖上的舞者，唯有心怀家国

才能不怕流血牺牲，用鲜血和生命铸就对党的忠诚。回来以后一检查，病很重，脑外伤癫痫。医生感到很纳闷，他说你是怎么忍受过来的？你不疼吗？我说疼啊，天天疼，但我脑袋疼也没有黄继光堵枪眼疼，我是黄继光故乡的人，我们都是怀着向英雄学习的心态来的。最后确诊为脑外伤癫痫，评定为三等甲级伤残，给我记了三等功。

抗美援朝战争结束后，何世露仍然以黄继光精神激励自己，无论是抗洪抢险、北大荒垦荒还是唐山大地震救援，他都冲在第一线。网上曾有人抹黑英雄，何世露撰写文章《捍卫英雄》《怀念战友黄继光》，用大量事实和亲身经历反击谬误、捍卫英雄。

何世露口述：

我总觉得党对我的关怀比我付出的更多，没法报答党，过去我感恩共产党，当兵上战场；今天我继续感恩共产党，所以不忘初心，继续做好党的工作，响应习主席号召，讲好中国故事，传递好声音，发挥正能量，这4年我作报告20多场。

我曾经写了一首诗自勉："浴血沙场今犹在，报国丹心老更同。春蚕到死丝不断，留与他人御风寒。"

古文正

4天4夜4易阵地 尖刀班鏖战长津湖

英雄档案

古文正，1930年3月出生，山东省日照市人。1947年8月参军，1949年加入中国共产党。1950年抗美援朝出国作战，历任第九兵团第二十军五十八师一七四团班长、排长、连长、团长等职。在长津湖战役中，带领尖刀班四易阵地，连续作战4天4夜，最终夺取胜利，荣立一等功。

在第二次战役中，为达到奇袭美军的战略意图，志愿军第九兵团昼伏夜行，忍受着酷寒、饥饿和疲劳，以惊人的毅力克服千难万险，向长津湖地区展开长距离的穿插、分割、包围。

古文正口述：

大概走了三四天，11月25日左右，到达了长津湖。到长津湖后，雪下得非常大，下到地上有一两尺深，风也大，天气太冷了。到达了以后，兵团命令我们二十军、二十七军8个师，迅速包围敌陆战第一师、第七师，从两侧包围。雪下得很深，走起来也很慢，敌人没有发现我们。

为了抓住美军兵力分散、尚未发现志愿军集结的有利战机，志愿军果断发起进攻，古文正所在连队承担攻击下碣隅里的战斗任务。

古文正口述：

我们这个班是尖刀班，悄悄地向敌人"摸"去。"摸"到离敌人大概30米的地方吧，"所有人，开火了！"我们副连长说，"打！"这一打把敌人惊动了。敌人从帐篷里跑出来，我们打了3个帐篷，打死七八个美国鬼子。

这时候，敌军坦克出动，向志愿军冲了过来。

古文正口述：

我们班的副班长叫高进和，抱起炸药就送上去了，送到坦克上一爆炸，那个坦克太大，是六七十吨的重型坦克，没有炸坏，但是震动了一下，这个坦克在那停了十来分钟，高进和一个箭步跳到坦克上去了，马上这个坦克又开动了，把他拉走了。接着又来了一个坦克，我们连里的火箭筒一下把它打中了，起火了。敌人，陆战师王牌部队，就向后跑，其他的坦克也跑。高进和在那个车上被拉走了，他一看敌人步兵那么多，用他的冲锋枪打死了四五个，敌人又集中起来打他，他牺牲了。我们这场战斗打得非常激烈，这是浴血奋战。我们全团完全和敌人对抗起来，打了一个小时，打死敌人1000多，打得一个美国指挥官带着将近100人来投降。后边的敌人向后跑，我们乘胜追击，又打死一些，又抓了450个俘虏，打坏敌人70多辆车。

经过一夜战斗，敌军已被切成数段。志愿军战士们忍着零下30多摄氏度的严寒，克服牺牲、冻伤减员的困难，阻击准备突围的敌人。

古文正口述：

这时候我们全连冻伤了30多人，再加上负伤的、牺牲的，减员50多人，还剩了70多人，编成两个排。连长说："大家注意啊，不要睡觉，敌人可能随时突围，不知道打哪儿来。"到了晚上，敌人向我们这个方向突围了，坦克开路，后面一辆汽车，这个汽车是为坦克拉弹药的，上面坐了五六个人，后面就是步兵。连长发现敌人来了，告诉一班准备打坦克。我们班高进和牺牲了，又新提拔了一个副班长，叫尹世文。他说班长我来打，我说我打吧，他说你别争了，我来打，你注意掩护。敌人坦克一过来，尹世文抱着炸药就上去了。这个炸药送到履带上了，坦克那么一走，掉下去了，那个汽车一来，正好它爆炸了，把这个汽车打下来了，车子起了火，敌人想跳车跑，我们火力一集中，车上四五个人就被打死了，后边的敌人一看，退回去了。这陆战第1师，美军的王牌，就是这样子，一打就退。

战斗间隙，志愿军重新部署。天寒地冻，无法构筑工事，战士们只能在雪窝里短暂休整。天亮后，敌军也转变了战术。

古文正口述：

来了20架飞机，对这个山头进行轰炸扫射，然后扔汽油弹烧山，把这个山烧成一片火海。飞机走了以后，接着炮兵就来射击，打了能有半个小时，把这个山打了个乱七八糟。这个时候，观察哨发现

志愿军第九兵团战士通过长津湖大桥

敌人有 3 辆坦克向我们开来了，后面又是步兵，乌压压不知有多少人。连长说："进阵地！"大家进了阵地，连长又说，现在敌人向我们跑，他们没有什么了不起的战斗力，他们的士气正是低落的时候，我们集中火力打他们。这个时候，敌人步兵越过坦克向我们的阵地冲击，到了离我们三四十米的地方，连长一个口令"给我打！"这一下子就把敌人压下去了。

此时，战斗已经持续了两天两夜，战士们又冷又饿。

古文正口述：

司务长带人搞到了两筐土豆，把它煮熟了，煮熟了以后一个战士发两个。土豆冻得和石头一样，根本咬不动。有的战士放在腋窝里夹一夹，想这样就能把它化了。天气这么冷，根本化不了，都冻得很厉害，有的战士用刺刀刮着吃。

第三天，敌人的突围部队不再是群体进攻，而是集中火力向一个方向猛攻，妄图瓦解冲破志愿军防御。此时，古文正带领的尖刀班只剩下 3 个人。

古文正口述：

还剩了一个副班长尹世文，还剩了一个战士，才 16 岁，叫杨世华。到朝鲜的时候，他才入伍半年多，但这个战士表现很好，在下碣隅里把他的鼻子、眼睛、脸、手都冻坏了，连子弹都不能压了，叫他下去他不下，他说只要有一口气，就要坚持到底，战斗到底。他的手冻得不能打枪，叫副班长给他压子弹，敌人向上攻击的时候，他不知道怎么把这个枪打了出去，当场打死一个敌人。我们都看见了，我问谁打的，尹世文说杨世华打的，我说你真不简单，他自己也说，班长啊，我打死了一个敌人，我为连长报仇了。到天黑5点多钟，敌人打退以后，我过来一看，杨世华牺牲了。

换防下来，全连还有35个人，又接到了新的作战任务：到黄草岭设伏，阻击敌人突围。

古文正口述：

副连长中弹了，打在头部，牺牲了。

我自告奋勇，我来指挥，指挥错了，下次你们来提意见。我按照副连长那个作战方法，继续打敌人。从9点多打到了下午5点多钟，又打死了不少敌人。

凭借着钢铁般的意志，古文正和战友们与机械化的美军作战、与严寒作战、与饥饿作战，4天4夜4次变更阵地、连续作战，夺取了战斗的最后胜利。长津湖战役，古文正荣立一等功，全班也立了一等功。

古文正口述：

上级党委对我们的评价是这样的：发扬"两不怕"精神，打不垮，拖不烂，英勇顽强，奋战到底。

盘云

炸碉堡 抓俘虏 阻击飞虎山

英雄档案

盘云，1928 年 9 月生于湖南省道县。1948 年 4 月参军，同年 12 月加入中国共产党。1950 年 10 月抗美援朝出国作战，时为志愿军第三十八军一一二师三三五团二营四连战士。在飞虎山阻击战中，他和战友们坚守 5 昼夜，击退敌军 100 人以上的攻击 57 次，胜利完成阻击任务。

飞虎山位于价川东北，扼制平壤—满浦铁路，地势险要。1950 年 11 月 4 日拂晓，志愿军三三五团攻占飞虎山。南朝鲜军七师及美第八军一部，在数百架次飞机和 60 余门火炮支援下，以密集队形实施轮番攻击。

盘云口述：

战斗打得激烈，美国有空军，飞机在上面扔炸弹。我们就是步兵，我们在地面与美国人对抗。炸弹扔下以后了，敌人的步兵就上来了，飞机来了，我们就躲起来。那个山上树也多，飞机它也看不清，飞机走了，我们就知道他们步兵要上来了。敌人他冲上来，一冲，我们就出来了，这个时候我们就准备战斗，就端起枪来了，"突突"就打。

我们在山上，他们在底下往上爬，我们看他，看得准啊，那个时候士气起来了，情绪也起来了。看到美国人冲上来以后，咱们班长拿着机关枪"突突突"地打。我拿的步枪，一个一个瞄准，离得不远的，够着就打。我们在山上往下好打，他们往上爬不好爬，走不动了，就在那儿休息了。休息的时候，不动正好，他们爬不动休息了，正好我就瞄准，"咚"一枪，就这么打，一枪一枪的，敌人冲了几次，都让我们打回去了。

虽然敌人第一次冲锋让我们打下去了，但也不死心啊，还要往上来，还要往上冲啊！我们一边饿着肚子，还要瞪着眼睛看着敌人。看敌人还没上来，就吃点东西，弄点草根，弄点什么东西嚼一嚼，最要紧的是渴，没水喝。看到敌人他们又往上摸起来，我们马上又把手榴弹撇下去了。第二次敌人组织好部队又冲上来，又来了，又打了一次冲锋，我们又把他们打跑了，打下去了，从那以后他们再不敢来了。打了5次敌人反冲锋，敌人就彻底垮了。

三三五团团长范天恩经常亲临前线，指挥战斗，鼓舞士气。

盘云口述：

在前线的时候，他首先看战地，完后布置。看看部队合不合适，战士在哪里。关心战士吃得怎么样，跟战士谈心，跟战士讲打仗的事，鼓励战士拿枪冲锋，战士们挺拥护他。

战斗中，盘云摸哨所、炸碉堡、抓俘虏，越战越勇。

盘云口述：

有一次我带了几个战士，去摸敌人的哨所，暴露目标了，让敌人发现了。敌人那边就动作了，响枪了，我们这边一看既然这样了，咱们就一起往里面扔炸弹，扔

手榴弹，就把敌人那个小哨所消灭了。后面有爆破手往上冲，我们把手榴弹撇里面去了，后面来的拿着爆破筒都甩里面去了，这一下把敌人的小哨所都给炸了。

我在飞虎山就抓了两个俘虏，挺大个子，说话不懂，哇啦哇啦地说外国话。我们不侮辱俘虏的人格，他投降了，老老实实的就好，虽然是敌人，但我们并不难为他们。

志愿军三三五团在缺粮少弹、连续作战的情况下，凭借临时构筑的简易工事，顽强坚守5昼夜，先后击退美军、南朝鲜军100人以上兵力的攻击57次，阵地失而复得、反复争夺9次，毙伤俘1800余人，胜利完成了阻击任务。

王宝春

我为祖国守海防

英雄档案

王宝春，1933年1月生于辽宁开原西丰。1950年参军，1951年7月来到丹东，在海军第八海巡队先后担任警卫员、机枪手、轮机长，打击敌特，护卫从鸭绿江口起始的海防线。

1951年7月，18岁的王宝春随部队从开原来到当时的安东，没想到接到的任务，不是出国作战，而是护卫从鸭绿江口起始的海防线。

王宝春口述：

那阵子的敌人是李承晚的部队，不是美国人，到我们这来偷袭，抓渔民了解情况，捞着就走了。我们那阵子没有机动船，用渔民的帆船，知道也晚了，撵也撵不上，每年都被抓一二百人。

眼睁睁看着乡亲们被敌人抓走，王宝春和战友们心中不是滋味。

王宝春口述：

我有个战友，姓赵，外号叫赵二愣，他比较外向，他是轻机枪射手。我们有一

次追击敌人的时候，后面战士摇橹，他说你快点摇吧，快点摇，加快这个速度追他。后来追不上了，他站在那个前头最高处，朝敌人打，放枪打。

经历了冬季封海集训，转过年春天，被动挨打的局面终于转变。王宝春所在部队不仅有了机动船，还被编入海军第八海巡队。3月18日，他被派去执行一项特殊任务：为防止敌人可能从西海岸登陆进攻，志愿军决定布设水雷封锁水道。

王宝春口述：

调出 3 条船，17 号、18 号，加一个机帆船，这 3 条船，也就是 20 多名战士吧，其中就有我。下的是暗雷，都策划好了，下去以后，人在船上往下掀，这个大圈子就是个锚定，绳就是控制这个雷，不让它跑，不让它在水里老是漂着，是暗雷，你看不见，船来了就撞上了。

当时志愿军布雷队使用的水雷为苏制触发式锚雷，从 3 月 30 日首次布雷，到 4 月 6 日结束，共布设水雷 384 枚。1953 年 4 月底，美军在清川江口进行登陆演习，结果一艘登陆舰触雷沉没。王宝春和战友们信心倍增，此时，又传来一个好消息。

王宝春口述：

我们国家就让大连造船厂造小电船、高速柴油机船，给了我们 5 条，相当于是主力船了。一个 356、357、358、359、360，5 条船给我们了，就加强了我们的实力了，船也多了，速度也快了。在武器装备上，这个小电船来了，国家给配备三七反坦克炮，37 毫米的口径，平射，主要在陆地是打坦克的，那阵子我们没有别的武器，就这个武器是重武器，再就是九二重机枪。

配置加强了，装备升级了，年轻的人民海军士气更足。有一次接到消息，有敌船要运送一批特务在庄河五块石附近入境。王宝春和战友们伪装成渔民，驾驶帆船，在大鹿岛东南方向二三十海里外，执行"钓鱼"任务。

王宝春口述：

敌人一看我们是帆船，不是机械船，他大意了，他就是用这个包围的方法，转一圈，完了顺着你，把你贴上。我们武器差，我们就得近战，靠近了我才能打，在机枪有效的情况下。他正好来打我们了，接近 200 米的时候，我们开始打，最好的就是 92 重机枪，再就是机枪和冲锋枪。他一看哎呀，我们船有武器，他就跑了，连来带去 15 分钟。

1953 年 6 月的一天，敌情再次出现，一艘敌船正在向我方领土靠近，王宝春他们立即驾船追击，一直追到薪岛附近，再往前就是敌军控制范围，指挥员下令开炮。

王宝春口述：

用这个平射炮打敌人，打了 48 炮。把敌人的船打着以后，他不是不能跑了吗？咱把他追上了，敌人不缴枪，水性都挺好，就是手拿卡宾枪和半自动步枪，在那儿顽抗。后来咱们一看不能接近呀，他下水了怎么弄呢，就用 92 重机枪，对他周围嗒嗒扫了一次。92 重机枪挺先进的，打出水点围他周围，他一看没办法了，把枪都扔到水里去了，手举起来投降了。

孙佑杰

刀笔木刻担道义 著文作画赞英雄

英雄档案

孙佑杰，1926 年 3 月生于山东省文登县。1943 年参加革命，1945 年 6 月进入胶东抗大学习，1946 年 4 月加入中国共产党，1947 年在华东野战军九纵文工团和胜利报社工作，先后参加了孟良崮、济南、淮海、渡江、上海等重大战役。1950 年 11 月，以志愿军第二十七军《胜利报》战地记者身份，参加抗美援朝出国作战。他提笔写文章，操刀作木刻，报道战况、鼓舞士气，曾 10 次荣立军功。

1950 年 11 月，孙佑杰跟随第二十七军七十九师经过近半个月的连续长途迂回穿插，抵达冰雪长津湖，并迅速将美军第七师北极熊团包围在新兴里一带。这时，村口敌人一个独立火力点成为志愿军前进的障碍，八十师炮兵班班长孔庆三接受了"拔钉子"的任务。

孙佑杰口述：

人拉肩扛抬着大炮，推到离独立家屋几十米远的地方。那个地方是山地丘陵地带，地面凹凸不平，到了地方要架炮射击，炮的支架两个，一个落了地，另一个还在悬空着，那怎么办？没有办法开炮，没有办法做工事，零下 30 多度冰天雪地怎么做工事？敌人的机枪还一个劲儿地开火，孔庆三知道接受这个任务就要完成任务。他马上跳到悬空的炮支架的下面，用肩膀抵住炮位命令炮手开炮，快开炮！炮手一看班长这样，都懂得这后坐力太强了，危险太大了，他说班长太危险了。别管我，完成任务要紧，快开炮。炮手一拉这一炮打得非常准，正好打到独立家屋的要害部位，这一爆炸，我们的步兵趁着这个机会就冲了上去。这一炮把敌人 30 多个人打

在抗美援朝战场为防敌人空袭，
孙佑杰和战友用毛毯和树枝搭起的简易办公桌（中间为孙佑杰）

得死的死伤的伤，还俘虏了 10 多个人，把这个火力点消灭了，这样我们的部队才冲上去。

然而，孔庆三却身受重伤壮烈牺牲，他用自己的生命打开了部队进攻的道路。接下来的战斗中志愿军指战员一幕幕惊天地泣鬼神的壮举让孙佑杰感佩不已。

二四〇团三连面对美军先进武器的强大火力，付出极大牺牲，坚决完成三座房子攻坚战。

孙佑杰口述：

也是靠夜战、近战，拼刺刀、手榴弹，最后第三座房子也拿下来了。就这个时候营长到前线来检查，来到第三座房子。有一个战士叫王德，他说营长啊，你给我们

连的攻下三座房子的任务，我们完成了。他含着眼泪说的，现在就剩了我一个人。

在战斗中，二三七团五连副班长沈永福身受重伤，拉响手榴弹，要与敌人同归于尽。

孙佑杰口述：

坦克就调转了方向，要把沈永福轧死。他也知道自己不能走了，腿痛得很，基本上残废了，血一直在流。他说我虽然死了，也不能让你太平了。拿出最后一颗手榴弹，手拉在线上。就躺在一个小凹坑里头，就瞪着眼看着坦克开过来，看到履带轧向他的一瞬间，手榴弹在履带当中爆炸，一声巨响以后坦克停止了前进，他也光荣牺牲。

孙佑杰（中）随尖刀团完成穿插任务后，与部分师机关同志合影

在外围担负阻击任务的二四二团五连150多名战士卧在零下30多度的冰雪中，随时阻击增援之敌。

孙佑杰口述：

可是敌人光顾着逃窜，没有来增援的，但是主力不退你也不能撤。所以要死守，随时消灭来援助的敌人，枪口都对准敌人。这样在零下30多度的雪坑里，开始冻得肉麻、冻伤，最后冻得连话都不能说，最后全部都冻死了。最后100多号人，全部都冻死在各自的阵地上。枪口仍然对准敌人可能增援的方向，这150多号人牺牲以后化作了冰雕。

感天动地的英雄壮举，激发孙佑杰拿起刻刀，创作木版画，将那一个个光荣瞬间永远定格——《人民英雄孔庆三在战斗中》《奋勇杀敌》《舍身炸敌坦克》《露营》等木刻作品相继在《志愿军报》发表。

孙佑杰口述：

其中有时候因为敌机来骚扰，他过来干扰我，把我的手都炸伤了，鲜血都滴到了木刻的板子上。我看到木刻上的血，就觉得我的鲜血和英雄孔庆三的鲜血都融合在一起。

战后，孙佑杰出版了抗美援朝战争纪实文学《鸭绿江告诉你》，将自己珍藏的200多件文物全部无偿捐献给国家。晚年他写文章、作报告、办展览，退而不休，要让红色记忆代代相传。

寿楠珍

舍生忘死、能歌善舞的战地护士

英雄档案

  寿楠珍，1934年10月生于南京。1950年10月参军，作为华东军区总医院医疗队护士抗美援朝出国作战。她舍生忘死战地救护，即使身受重伤，仍连续输血救治伤员。

  1950年10月，刚从南京第一女子中学毕业的寿楠珍为参加志愿军出国作战，16岁的她血书明志。

寿楠珍口述：

  用一个白手帕，从血管里抽血，用棉签写了四个字："为国捐躯"，就不打算活着回来了。

  长津湖战役中，受伤和冻伤的战士很多，止血带和急救包用完了，寿楠珍只能撕扯衬衣和棉被止血包扎、紧急救护。

寿楠珍口述：

  当时我们的志愿军战士真是勇敢得不得了，那是真不怕死。有好多战士把胳膊打断了，我们就给他用个夹板夹上固定起来。有的时候没有夹板，夹板用完了，我

们就用树枝把胳膊固定起来。有的时候朝鲜老百姓给前线送弹药，弹药箱是木头做的，把木头箱子劈开，拿木头把胳膊固定起来，再用三角巾把它吊起来，然后把他往后方送。

  有个战士肚皮被打穿了，那肠子呼啦一下全出来了，都掉到地上了。我们都没见过，特别害怕，这可怎么办？但是他说不要害怕。你说那个战壕里头多脏，有沙土又有子弹壳，乱七八糟的都有。他把肠

子收起来揣到肚子里，就揣进去了，把那肚皮一拉，合起来以后掏出一个饭碗来扣上，然后说你们给我包扎。我们就用裤带给他包，又给他缠了很多绷带。就这样，他说冲啊冲啊，他又冲上去了，他又跃出了战壕作战去了。

第五次战役，寿楠珍在玉女峰阵地战壕里救治伤员时，被一颗炮弹震昏了过去。

寿楠珍口述：

一个炮弹打过来以后，我就什么也不知道了。也不知道过了多长时间，后来我就醒了。我就发现我的后背上很沉重，上面还压了些人。我好不容易挣脱出来，当时我的腰坏了，我走不动路了，站不起来了。

此时部队已经后撤，寿楠珍凭着来时的记忆，一路爬向后方寻找部队。

寿楠珍口述：

大小便的时候我也站不起来，只好拉了一裤子，尿了一裤子。好不容易又爬了半天，大概四五个小时，找到了我们的部队。我们那个医疗队长蔡队长说，你可真不简单，我们以为你牺牲了，没想到你还活着。

寿楠珍被送回祖国，在沈阳军区总医院做了手术。躺在病床上的她，还主动连

续输血救治伤员。

寿楠珍口述：

前线送来危重伤员大出血，出血以后需要输血。当时他的血型是熊猫血，我也是熊猫血，A型血的RH阴性熊猫血，这个血型血库里没有，我说我就是这个血型。他们一化验果然能够对上，我就给他输了200毫升血，这200毫升血是在夜里边输的。还没过24小时，到了第二天的早上10点多钟，又有一个伤员需要输血，结果还是需要这样的血，也是找不到这样的血型，我说那就输我的吧，又抽了我200毫升的血。24小时连续给病人输了两次血。当时要给我20块钱，我说我不要钱。然后就给我喝了一杯牛奶。后来领导听说这件事，给我立了一个三等功。

战场上，寿楠珍是救死扶伤的卫生员；战场下，她经常一展歌喉，为战士们唱歌。1964年，寿楠珍和身为舞蹈演员的丈夫一起，被选拔参加大型史诗《东方红》的排演，受到党和国家领导人的亲切接见。

寿楠珍口述：

在解散以前，毛主席接见，就照了这张照片。整个照片是3000个人，有3米长。当时周总理，真的是非常认真的，而且特别亲切，跟我们每个人都握手。

如今，87 岁的寿楠珍依然是干休所的文艺骨干，经常带领老干部唱歌、跳舞。提起抗美援朝，她非常怀念一起在战场上救死扶伤的姐妹们。

寿楠珍口述：

她们都牺牲了，有叫燃烧弹烧死的，有叫炮弹打死的，有的是机关枪扫射死的，8 个姐妹中就我一个活着回来的，也不容易，我现在很怀念她们，有时候做梦还经常梦见她们。

关长义

用身体保护电台

英雄档案

关长义，1930 年 10 月生于丹东凤城白旗乡。1948 年 8 月参军，1950 年 5 月加入中国共产党。1950 年 10 月 19 日抗美援朝出国作战，担任第三十八军一一三师司令部电台报务员。第二次战役中，他用身体保护电台，保障前卫团通信有力，立一大功。

第二次战役中，第三十八军担负重任，关长义跟随前卫团三三八团行动，电台也成为美军飞机袭击的目标。

关长义口述：

部队都上山防空，我和一个通讯员还有两个机要员在电台值班，敌机就开始轰炸。战斗前夕，收发电报特别多，老美扔下炸弹就炸，这个炸弹飞到哪去了？飞到小平房的厨房里。我们通讯员，正好送电报，他也值班，就把他打死了。这炸弹一下来以后，我正发报呢，就扑在那机器身上了，这时候这个炮弹的弹皮就从我身后过去了。我身后有两个机要员在摇码发电，就在这个时候，炸弹过去了，当场就被炸得牺牲了。

关长义用身体保护了电台。此后，又接到上级命令，部队继续连夜快速向三所里前进，无线电保持静默。

关长义口述：

行军一宿，在那一宿当中为了保密，微电信号隐蔽，不发信号，电台都背在身上走。一宿走了 140 多里路啊，后来就跑啊，那玩命了。走到第二天，天快亮了，拂晓了，到大同江了，离三所里还有 30 里路，在这个时候，部队就受阻了。走不走？不走，你不能按时到达三所里，就把

141

敌人放跑了；走，天上满天飞机，轰炸损失太大，怎么办？这个时候就斗智了。我们一一三师的副师长叫刘海清，他跟随前卫团前进，就提出一个很冒险的决策：去掉伪装，大摇大摆地前进，这不就斗智嘛，用这个办法冒险前进。结果敌人真上当了。我们把衣服、白床单、柳条帽全扔了，大摇大摆地前进，老美的飞机一看认为是李承晚的伪军撤下来了，不打我们了。

部队终于提前敌人 5 分钟到达三所里，关长义和战友们立即开始架设电台，收发电报，扎紧口袋，阻敌逃窜。

关长义口述：

到了三所里，马上把电台架起来了，就同时把志愿军总部的电台信号号码、师部和军部的电台信号号码，张福主任我们两个"哗哗哗"就一个劲儿发。直到彭德怀接到电报，他知道三十八军这个部队能打硬仗，是英雄部队，只要到了，肯定就能堵住敌人。所以接到电报以后啊，就给三十八军一一三师特别是三三八团下了死令了，不惜一切代价要守住这个三所里阵地，堵住南逃北上之敌。

第三十八军英勇作战、重创敌军，一举扭转战局，赢得了"万岁军"的荣誉，关长义也因为通信保障有力而立功受奖。

关长义口述：

我和我们主任在前卫团，通信联络保证好，保障大部队消灭敌人。部队回国休整总结，在评功会上，一致推荐我立功，立一大功。

李延年
永远的高地

英雄档案

　　李延年，1928 年 11 月生于河北昌黎县。1945 年 10 月参军，参加了辽沈、平津、湘西剿匪等战役，1947 年 2 月加入中国共产党。1951 年 4 月参加抗美援朝出国作战，时任志愿军第四十七军一四〇师四一八团三营七连政治指导员。在夜月山战斗中，他临危不乱，指挥全连和兄弟连队攻占并坚守住 346.6 高地，立特等功一次，被授予一级英雄称号，荣获朝鲜民主主义人民共和国自由独立二级勋章、三级国旗勋章。2019 年 9 月，荣获"共和国勋章"。

　　1951 年 9 月，美军在夜月山发起秋季攻势，骑一师攻占了可以控制涟川至铁原交通线的 346.6 高地。李延年所在的 3 营奉命夺回高地并且要坚守住。

　　李延年口述：

　　到 346.6 高地的时候，上级规定，在冲锋出发前传达信号，传达信号是一分钟，一分钟你能够传达完就好。这一分钟我就听着，因为敌人的炮弹一出口，它是先有声音，后有炮弹，所以我就规定，那炮弹一出口，我就说班长以上赶快集合。信号

刚传达完，敌人的炮弹又来了一个，我们只伤了一个，都很完整。我当时有一个要求，叫：战略指挥员和战术指挥员不一样，战术指挥员是怎么打胜怎么打，战略指挥员要完成战略任务。

　　10 月 8 日，经过一夜激战，志愿军收复了 346.6 高地。但这只是第一步，更艰巨的任务是还要守住阵地。美军集中了 10 个炮兵群，掩护步兵开始了一次次反扑。

李延年口述：

当时我们知道一个"三五分钟"规律，敌人把一个山头、一个高地丢了，三五分钟以后他就来轰炸。

张排长和我们一起都是警卫班的。有一次我们在一个山头上，敌人这个炮弹刚一打啊，我就从下边跑过去了，我说你赶快趴下。我这话还没落，一个炮弹就打到他的头上了，把他脑袋打碎了，两边牺牲了一个战士，负伤了一个战士。我那个通讯员叫刘双功，我说赶快往那个战壕里边滚，这一滚加上那个土，都把我们埋起来了，检查一看还没伤，我说捡了一条命。

战斗进行到 10 月 9 日下午，打得最惨烈的右翼七连一班阵地，只剩下滕桂桥一个人了。

李延年口述：

滕桂桥当时怎么回事呢？他是我们连队的，敌人上来的时候，他这个爆破筒拿出来时一下子甩出去了，甩太远了，前面有二三十个敌人又上来了。这怎么办呢？滕桂桥拿起爆破筒和二十多个敌人同归于尽了，所以这个滕桂桥是我们连队的战斗英雄啊。

我感觉我们活着的同志任务很重，要把那些牺牲流血的战友们没有完成的任务继续完成，他们是为我们祖国流血牺牲的。

在打退美军多次进攻后，7 连战士还剩下 40 多人。李延年把这 40 多人整编为 4 个班，又将 9 连剩下的 1 个班、8 连剩下的 19 人和机炮连剩下的 15 名战士组织起来，由 5 名党员干部组成临时支委会。李延年主动站出来指挥，重新部署战斗任务，鼓励大家坚决守住阵地。

李延年口述：

第一个坑道装一个排，一个排的上面是一个班，一个班的上面是一个组，到第四个战壕一个人，就这么打。把我们自己的弹药收集起来，把敌人前沿的弹药都收集了，继续打。

我就把部队整编好，我这一看，有一个大炮弹坑，我就把它弄好了，就在那休息。我说："其他的战士都找个炮弹坑来隐蔽，不许到别处去。"结果半夜敌人打来炮弹，我们一个都没伤亡。

在李延年的战斗组织和思想鼓动下，来自 4 个不同连队的战士们又组成了一个坚强的战斗集体，粉碎了美军的第七波进攻。

李延年口述：

我们那次抓了 16 个俘虏，有的俘虏说："我还没放一枪就当了俘虏了。"他从美国到了朝鲜，一枪没放就当了俘虏了，他自己讲的。

打 346.6 高地之前，我们上去的时候，那个茅草很高，树也很高。结果呢？打了两天一夜，树根子都没有了，茅草全部烧光了。

我在后边走的时候，那个通讯员告诉我，说指导员你后面流血了。我说不要紧，流就流去吧，我说那是炮弹打的，打到我身上没有什么，没有伤骨头，我说不理它。

撤到下面让我们吃饭，哪有人吃饭？我们都睡着了。

李延年抗美援朝战争中使用的文件包

346.6 高地争夺防御战，李延年先后 5 次重组战斗序列，保证了部队自始至终有组织地连续战斗，在敌我兵力悬殊的情况下，先后打退美军多次反扑，成为志愿军以少数兵力取得攻防胜利的成功战例之一。

李延年屡立战功，与他爱动脑筋分不开。用他自己的话说，就是"学习打仗、打仗学习"。

李延年口述：

在路上走啊，行军都是四路，炮弹一来，一伤就是一个排，一个排一下牺牲十几个或者伤十多个。我说这怎么整？所以我做了规定：夜间行军，间距 5 米，谁也不能把距离搞得长搞得短，一个人 5 米，

如果那个炮弹打到我这个队伍里面，我只伤一个。

凡是经过黑的地方，敌人固定的地方，绕着走。我们过河的时候，上面有大树林，我们都在那个大树林子，用手把着往下下，下到下面了，还有一见方多深，我们每个人都有绑腿呀，我说赶快解绑腿，接起来以后再往下下，也没有伤亡。

所以就是打仗的时候，战术指挥员要以如何打胜为原则，这个战斗要怎么打？要怎么样完成战斗任务，靠什么？靠你这个脑子。所以朝鲜战斗啊，学习也是为了打仗，打仗过程中也是不断学习。

1983 年，李延年以师副政委的职务离休。在每一个岗位上，他都保持革命本色，从未向组织提出任何要求。

李延年口述：

人家牺牲那么多，我们要那待遇合适吗？不合适，你给国家找那么多麻烦干什么？老是这个要求那个要求，我什么都不要求。

离休后的李延年初心不改，每天看书读报、坚持学习，把自己获得的各类奖章、证书，全部捐献给了中国人民革命军事博物馆、抗美援朝纪念馆和广西军区军史馆。如今年过九旬的老英雄经常戴着助听器，到学校为青少年讲述战斗故事，弘扬伟大的抗美援朝精神。

李延年口述：

战友们的流血牺牲换来我们今天这么好的日子，战友们是真正的英雄。我们要宣传他们的事迹，传给我们的后代，只要我们走得动，我们就不会停下脚步。

2019 年 9 月 17 日，李延年荣获"共和国勋章"。

李延年口述：

戴着这么好的勋章，这么高的荣誉，是流血牺牲的同志换来的。现在你们都不在了，我活下来了，国家给我们这么高的荣誉，我感到惭愧。我感觉我戴这个勋章，要替流血牺牲的同志讲话，他们没有完成的任务我们要继续完成，他们想实现的目标我们一定要实现。

冯恩民

排雷能手 拆弹专家

英雄档案

冯恩民，1932 年 12 月生于辽宁辽阳。东北军政大学毕业后 1948 年 3 月参军，1956 年 5 月加入中国共产党。1950 年 10 月抗美援朝出国作战，先后任志愿军二分部秘书、工程兵第六团营参谋、作训参谋，在战场上不惧生死，排雷排爆，经验被部队推广，战后参加朝鲜重建。

清川江大桥，是朝鲜北部重要的交通要道，遭到美军飞机的狂轰滥炸，投下的定时炸弹时刻威胁着大桥安全和战士们的生命。冯恩民在大学初步学习掌握了炸弹相关基本知识，入朝后又向专业拆弹工兵学习。他让战友们走远避险，自己留下，小心翼翼地拧开炸弹尾部的螺栓。

一边战斗一边学习，冯恩民继续研究各种地雷、手榴弹的排险方法。他的经验经过推广，部队涌现出了许多拆弹能手。

冯恩民口述：

我蹲不了，我就跪那地方。我就看那鱼尾往右转，从左来往右转。在这期间对岸喊："小冯注意！小冯注意！"嗓门可大了，我回头跟他们摆手，你们别喊了。我往左一扳，从左边到右边来了，我看前边炮弹头开口了，又往出来了，第二个又一扳，排完了。

冯恩民口述：

南朝鲜部队和美军撤退的时候，几乎全埋的手榴弹。不是咱们这个花小锤手榴弹，人家是地瓜，这么粗一拃多长，一炸方圆能炸 20 米。我走到附近，还没踩上地雷，这边还有个钩，我搁手指头一抬，它跟我上来了。团长冯玉生说："小冯快回来，小心炸了！"我说："不能响了，雷管让我带出来了，顺着导火线带出来了。"附近还有一个，埋了两个，这回就有胆了。我就把俩手指头伸进去，又带出来了，没响。起地雷可危险，地雷上边有一个刻滑，露出来有手指头这么长，你踩上人就没了。冯团长说："小冯怎么拔？"我说："快拔慢拔，里面的导火索和前面的导火索相接呢，你这一拔它跟底下的导火索和炸药就脱开了，拽出来地雷就不响了，倒出来将近一公斤炸药。"就这样，不光我一个军这么解决的，其他军也是这么解决的。

拆弹排雷极为危险。尽管小心加小心，冯恩民还是在一次执行任务时遭遇意外。

冯恩民口述：

我们是一个班，我说你们离我 30 米啊，我一个人先踩个道。我没想到，我到这个房子附近，这个地雷就叫我遇上了。我一看，我走也走不了。我刚一动，一下就响了，我蹲下了，我要不蹲下，就炸没了。那地雷是这样炸的，崩到脑袋上。

爆炸的冲击波将冯恩民掀翻在地，他顿时昏死过去。因头部和左腿伤势过重，他被送到后方医院紧急救治，伤愈后坚决要求重返前线。

冯恩民口述：

我说我不能回国，我说我要等到抗美援朝胜利后再回国。首长问为什么？我说我在东北参加东北解放，我们作为第一梯队入朝，我是作战参谋，我知道朝鲜的战地情况、工事情况、警戒情况，我知道美军的情况，我们志愿军实力情况，我们完全有能力把朝鲜战争解决。我不回国，什么时候抗美援朝胜利，什么时候我跟着部队一起回国。

冯恩民践行了自己的诺言。停战以后，他和战友们在曾经的战场排爆排雷、填平弹坑，帮助朝鲜人民盖房子、修学校，耕种田地、重建家园。从 1950 年 10 月出国作战，到 1958 年 4 月回到祖国，冯恩民在朝鲜奋战了整整 8 年时光。

金刚熙
从翻译到将军

英雄档案

金刚熙，1933年8月生于朝鲜，4岁时全家逃难来到中国黑龙江省宁安县安家落户。1947年7月参军，1953年6月加入中国共产党。抗美援朝时期，历任志愿军第十九兵团六十三军一八九师五六五团战士、一八九师政治部翻译、志愿军总部翻译，两次荣立三等功，曾为周恩来总理担任翻译，1988年被授予少将军衔。

少年时代，金刚熙的理想是上大学、当一名学者。然而，他的理想在1950年改变了。

金刚熙口述：

美帝国主义侵略朝鲜、爆发战争以后，我们那个心都热腾腾地沸腾起来，要为祖国打美国鬼子，打退美帝国主义的侵略，要建立自己的国家。我们朝阳川中学有1500名学生，几乎300名学生都报名了，我是第一批报名的，被批准了，那是1950年的10月13号。

当时我是学生会的会长，第一批有3名学生被批准了，全校师生热情洋溢地欢送我们当兵——抗美援朝。全村的老百姓

几乎都出动了，说明不是我们重要，是抗美援朝这一举动伟大。

虽然学校批准，但金刚熙的从军路还有波折。

金刚熙口述：

省教育厅的领导说，你不行，你岁数小，个子还没有墙头高，你中国话说得不行，中文不流利，你还要回去，念念书，长长个，完了再说。哎呀，这下子把我给弄哭了。在吉林市待了10多天，天天动

员让我回家，我就是不肯。到了沈阳，哭着来的，也是哭着下火车的，哭着过夜的，盼啊盼啊，盼来了去抗美援朝当志愿军的通知单。

因为金刚熙精通朝鲜语，还会日语，就被分到了翻译大队进行整训，后被编入第六十三军后勤部管理科做联络员。

金刚熙口述：

联络员就是翻译。然后由沈阳赶到丹东，到丹东乘车，发的枪。我被批准入伍的第三天，早晨的太阳映在天空，鸭绿江桥被美帝国主义轰炸掉了，我们国家建了一个浮桥，桥身在水中，我们站在鸭绿江桥上，胸上都挂着红花，唱着"雄赳赳，气昂昂，跨过鸭绿江，保和平，卫祖国，就是保家乡"过了江。

一路上经过的村镇，都被美机轰炸，变成一片火海和废墟，金刚熙和战友们主动帮助救人、灭火。

金刚熙口述：

我们看着敌人的飞机轰炸扫射，朝鲜房子被烧啊，我们就救啊，救火灾，救出老百姓，这个用不着谁发号命令，那现场就是指令命令。遇到燃烧的房子房梁要塌下，"哗"一下子塌下来，咱们也不害怕，就往里冲，中国人民志愿军的牺牲精神激

励了我们，教育了我们。

我们战友救了几个孩子，其中有个十来岁的，有个七八岁的，挺聪明的。房子被打中了，塌下来了，两个小孩在那房子底下躺着，被压着，我们三个把路让开，把他们架起来，救起来。

第五次战役后期，金刚熙接到了一项紧急任务，去西平里后勤部送信，为一线部队补充弹药。

离休后，金刚熙为弘扬抗美援朝精神作报告 500 余场，听众达 7 万余人

金刚熙口述：

送这封信，要 100 多里路，我走的话，一个小个儿，要走一天，把前方的战马抽出来呢，还影响前面作战，所以让我自己想办法。我自己想，后勤的俘虏很多，车很多，咱没人会开。我到俘虏集合的地方，挑两个比较伶俐一点的人拉出来了："你出来，你出来。"拉到外面，比划开车的动作，他说行，他会开车。快到目的地了，他们要喝水，怎么办？我们得想想办法，从老百姓家里要些开水，叫他们灌点喝。他们看着我们的一举一动，知道我们是宽待俘虏的，感动了，表示要积极地为我们

开车，完成送信任务。天黑以前，我们到了西平里，把信交到我们六十三军的后勤部，完成了任务。

因表现突出，金刚熙先后两次荣立三等功，荣获朝鲜民主主义人民共和国功臣军功章。1989 年 9 月离休后，金刚熙和其他 14 名老战友一起成立了志愿军老战士报告团，尽管心脏放了 5 个支架，仍坚持开展爱国主义教育，弘扬抗美援朝精神，并提出"三不要"，即不要车接、不要吃饭、不要报酬。

2022 年 2 月金刚熙因病逝世，享年 90 岁。

王程远

倾力报道"奇袭白虎团"

英雄档案

　　王程远，1930 年 2 月生于烟台市牟平区西油坊村。1949 年考入华北军政大学，1950 年 6 月提前毕业，分配至第六十八军二〇三师任通讯干事，1950 年 5 月加入中国共产党。1951 年 3 月作为第六十八军二〇三师《战地快报》记者，参加抗美援朝出国作战，实地采访报道了"奇袭白虎团"等英勇事迹，作品多次被《人民日报》《解放军报》刊发。

　　1951 年 6 月，担任二〇三师通讯干事的王程远接到负责出版《战地快报》的任务。

　　王程远口述：

　　就给我一个直流电的收音机，能听到中央广播台，叫《每日要闻》，要把《每日要闻》记下来。后来师里决定干脆自己弄个《战地快报》吧！《战地快报》就是师里的《每日要闻》，师里面的重要情况，行军作战的典型人物，就出一张这么大小四开的阵地快报，这样首长们一份，再发到连队。我就是采访、编辑，那边有个刻印的，刻出来再印出来。

　　1952 年 9 月，五峰山战斗胜利后，王程远在通讯员的陪同下，前往主峰顶的六〇七团二营采访，正遇上敌机轰炸。

　　王程远口述：

　　确实有点害怕，有种命悬一线的感觉。再一想，人家战士成年累月都在山上挨炸，咱们来了还能半路跑了？不管怎么样也得去，爬上去。上去一看，那个领我的战友已经牺牲了。再往前走，就喊："有人吗？有人吗？"我找不到，都在坑道里。这是 8 点多，到了 9 点半才喊出人来，领我去

1953 年 12 月 19 日发表于《人民日报》的《奇袭李伪军团指挥所》

六〇七团二营。找到教导员把战斗情况了解一下。我受伤了，山上也有卫生员，弄完了，也不能在山上住，赶紧往回返。下了山，到师部还有 12 里地，不是很近。靠近前线都有交通壕，来往的人在这里边走，这时候敌人又来轰炸，看炸弹就好像落在你身上一样，事实上是在前方百八十米才爆炸。这样两次炸，回到师部，团里已经汇报了，跟政治部主任一说，他说你好好休息吧。给我煮了一碗面汤，喝了。我记得睡不着觉，这都 28 号了，明天 29 号了，报道得发出去啊，我就一直待到半夜，把这个稿子写出来，发到《志愿军报》《东北日报》。

1953 年 7 月 13 日晚，和王程远同属二〇三师的六〇七团侦察排副排长杨育才，"奇袭白虎团"。14 日凌晨，捷报传来，王程远迅速将这个喜讯编成号外、快报，火速上报下发。

王程远口述：

写完号外以后，我就跟惠主任说："这个事儿我得写写，我上去看看。"他说："现在太危险，敌人飞机炸得厉害，你再等两天。"我说等两天，这些人回来就不知道上哪里去了，我就找不到了，或者情况咱也看不着。一直到上午 9 点，又找了一个老侦察员，还有摄影记者谢礼廓，那时候敌人飞机在战场上特别的随意，俺们走在作战室后边的山坡上，又是 4 架飞机来了，人家老远可能就看到了，下来就是一排子

王程远（前）与杨育才（后）合影

弹。我就是这样，遇到情况就是趴下，你打死就打死，打不死就捡着。那个子弹都打在你旁边，崩得泥都打在你脸上，子弹就离你这么近，但是他没打着。我就第一时间到那个地方，稿子发出得快，另外到了现场，真实感比他们多，与等到战后把英雄都请到一个地方坐下来采访相比感觉是两码事儿。人家都去打了，都没害怕，我就去采访，敌人的飞机有什么了不得。

不久，《人民日报》发表了王程远采写的通讯《奇袭李伪军团指挥所》。从1954年起，王程远分别采访了杨育才、包月禄、韩淡年、李志、金大柱等"奇袭小分队"所有人员。《解放军报》以整版篇幅刊登了王程远写的1.2万字小说《奇袭》。1955年，王程远又写下了6万余字的传记体报告文学《奇袭白虎团》，收录在《中国人民志愿军英雄传》第三集中，并由人民文学出版社出版了单行本。而后根据其作品改编的电影《奇袭》和《奇袭白虎团》等文艺作品，让这段英雄事迹广为流传。

王程远在战地采访

丁建文

"我们团是尖刀团"

英雄档案

丁建文，1927 年 2 月生于山东文登小观镇吴家庄村。1947 年参军，1950 年抗美援朝出国作战，任第九兵团二十七军八十师二四〇团三营九连班长。他血战长津湖，缴获直升机，为"尖刀团"增光添彩。

第九兵团一踏上抗美援朝战场，就遇上了一场硬仗、恶仗。长途奔袭、潜伏阻击，悄无声息地抵达了长津湖战场。

丁建文口述：

一个人发一个白色棉花毯子，准备防风、防空，在雪窟窿里蹲着，把白毯子盖顶上，叫飞机发现不了。那个飞机飞得矮得多，有句话说，"赶快把帽子戴好了，别叫飞机摘了帽子"。飞机飞 30 来米高，我在雪地里趴着，数了数轰炸机，就 5 个头那个轰炸机，60 多架，咱伪装得挺好的，敌人也没发现。

然而，极寒天气给部队造成了很大损失。

丁建文口述：

零下 40 多度，那个人冻得，在雪窠里，我没事就起来活动活动，我们那个连，那天冻死了 62 个人。

11 月 27 日夜间，长津湖战斗打响，美陆战一师和步兵七师被打得蒙头转向，聚集在柳潭里、新兴里的几个点上。28 日白天，美军的飞机前来救援，战斗极其惨烈。

丁建文口述：

美国的那个小飞机来了 40 多架，就把这个山头炸翻了。有人说排长牺牲了，

志愿军第九兵团在长津湖地区反击美军进攻

剩下一个副排长，我上去找找。他就在这个石棚子里面抱着枪这么坐着，我怎么叫他也不吱声，我过去一扒拉，他倒了，已经牺牲了。于是我就指挥着这一个排的战士，冲到了阵地上。上面这个班工事里头，人都死在战壕和单人掩体里，就剩一个班长叫隋春暖，他冻掉了9个脚指头，就剩一个脚指头了。有个战士又瘦又小，叫孙芳，他的刺刀在敌人身体里拔不出来了，怎么也拔不掉。我指挥的这一个排上去了，把他俩也解放了，重新占领了阵地。

第五次战役第二阶段，二四〇团三营深入敌阵，遭到美机械化部队包围，处境极为凶险，战士们想出了一个伪装突围的妙计。

丁建文口述：

我们这个连的第1个班的班长，他叫张云镇。他提出来，我们每天都是傍日西6点开始出发，我们就不能头晌出发吗？身上都伪装好，把树枝子插好，不像个人像棵树，头晌就开始走，飞机来了就停下来，飞机过去就走，等到敌人加强岗哨的时候，咱们就出去了。营长和教导员就采纳了他的意见。

就这样，"尖刀团"的战士们巧妙伪装、胆大心细，终于在 6 天后突出重围，受到志司嘉奖。

1951 年冬，丁建文和战友们抓获了 3 名俘虏，缴获了 1 架美军直升机。

丁建文口述：

就老远看着那个山上红灯绿灯，那一定就是个飞机，我们就过去了。一共 3 个美国人，2 个是飞行员，1 个是医生，有一个把鼻子打掉了，一个把腿敲折了，那一个没有挂彩。就抓这么 3 个俘虏。驾驶员，我们给他拍了张照片，这么个缴枪投降的姿势，这 3 个人我们就上交了。我们就在那里看守直升机，看了 8 天 8 夜，晚上在直升机上睡，白天我们就离这个直升机 200 米。6 架美国的小飞机在这个附近转着圈，找也找不到，我们用松树伪装他找不到。在那看了几天，朱总司令说这个直升机不准破坏，要完整地把它拉回来，所以又修道又伪装，把这个直升机完整地拉回中国来了。

在抗美援朝战场上出生入死，中朝两国人民深厚的战斗情谊，让丁建文至今难忘。

丁建文口述：

老百姓做豆腐给我们吃，那个大铜碗，一个碗里一方豆腐，用头顶着送给志愿军吃，是老百姓的好意。拥护志愿军才做豆腐给你吃，他们也说中国话，让我们吃了好打美军。

南启祥

从司号员成长为司令员

英雄档案

南启祥，1936年3月生于山东鄄城。1948年9月参军，作为小号手，先后参加淮海、渡江和解放大西南等战役。抗美援朝时期，跟随志愿军第十六军四十七师一四〇团炮连两次出国作战，1953年3月火线加入中国共产党，荣获朝鲜民主主义人民共和国军功章等，1988年被授予少将军衔。

1951年9月23日，南启祥第一次出国作战，在朝鲜东海岸执行抗登陆任务。

南启祥口述：

过了江就是满浦，前面就是江界，往前走，就是黄草岭，我们在黄草岭爬冰卧雪。爬了一夜，爬上去了，然后在树林里边露营。那雪都很厚，地下铺的油布，大家把褥子弄一块，打通铺睡觉，抱团取暖，就这个条件。到了定平郡，这就叫朝鲜的东海岸，我们的部队就站下了，执行抗登陆任务。

刚到这个地方，没有房子，也不能和老百姓一块儿住，就挖山洞，挖防空洞，盖简易房子，边准备抗登陆，边建设，还训练打仗。

早上站岗，在山头上面发现敌情了。有的吃饭了，有的还没有吃饭。卫兵鸣枪：防空，飞机来了！他还没有跑进树林呢，第一个炸弹就炸在他站岗的位置上了。敌人飞机炸弹丢下来了，共12架飞机轮换着。我们连打它，挨炸了，伤亡比较大。第二圈就是机关枪扫射了，机头炮嘟嘟嘟，我在那吃饭，那机头炮打过去，没打着我，那全是冻土，喷得满脸，脸都打破了，但是没打到身上，像这样的危险太多了。

南启祥第二次出国作战时，部队接到的任务是反登陆、反空降。

南启祥口述：

反空降、反登陆就是挖坑道，挖猫耳洞，挖地道，解决生存的问题。敌人轰炸我们，怎么躲藏？坑道被人家给堵住口了，我们怎么生存？通信怎么弄？吃饭怎么弄？喝水怎么弄？解手怎么弄？提问题就研究解决问题，在西海岸我们准备得比较充分。

1953 年，南启祥由一四〇团调到炮兵三二八团当班长，他们采用"零敲牛皮糖"的战术，机动灵活地打击敌人。

南启祥口述：

志愿军要求派游动炮、派狙击手，日后要派小分队，抓一把就走，打一下就走，这叫"零敲牛皮糖"，积小胜为大胜。你别看一天消灭一个，一天消灭一个，时间长了就多了。看到一个碉堡和敌人的指挥所，组织小部队给他抓回来了。炮兵打游动炮，我这一个炮拉着到处跑，只要看到一个目标，啪，打一下，这个炮又跑了，这叫游动炮。再就是狙击手，面对面的，三八线上，专门找打枪打得好的神枪手作狙击手，有的狙击手打掉好几十个，上百个。就在三八线上，我们一个师"零敲牛皮糖"这样消灭一两千人。

南启祥在朝鲜参加战斗、驻防 6 年多时间，有 3 件事让他最难忘。

南启祥口述：

第一件事，我是在 17 岁入的党，在平康地区一个山洞里，上面敌机轰炸，下面组织入党宣誓仪式：我志愿加入中国共产党，永远忠于党！

我是 1936 年 3 月 14 号生，1950 年 3 月 14 号入团，我 1953 年 3 月 14 号头顶飞机在坑道里入的党，我的生命、政治生命都在一个时间。我 1958 年 3 月 14 号撤的军，3 月 14 号和我挺有缘分，这是我第一件事，难忘的政治生命。

第二件事，1953 年 3 月，我带一个班经过 15 天去抓特务。一个班 12 个人，就分成 3 个组，一个组 4 个人，吃过晚饭天黑了，知道在什么位置，就带着大家进山了。一个小组负责一个路口，最后就埋伏下来潜伏，都不准动，也不准吭声，也不准哈气。那天晚上就来了一个家伙，叫我们第一小组上去就给他抓住了，信号枪信号弹什么都有，是一个李承晚手下的南朝鲜特务。所以抓到以后，3 月 5 号早晨，我们回到了部队，把特务送到了机关后我们就完成了任务，立了个三等功。

第三件事，金城反击我们团负责三八线上的一个目标叫注字洞南山，我们团负责这个目标的压制消灭。我们是炮兵，要

求用火力第一次击袭，第二次击袭，第三次压制，摧毁了 90% 以上的工事，大部分都是废墟了，把指挥所打掉了，这是我们团入朝打得最好的一次。

在硝烟战火中，在人民军队里，南启祥经受考验、锻炼成长，从一名司号员成长为司令员。他在自传《一个将军的回忆》中，记录了 70 多年的戎马生涯，而抗美援朝战争期间是他人生成长最关键的时期。

南启祥口述：

我从 12 岁不识字，能成长为一个将军，我总结就是四句话：走出来的、打出来的、干出来的、学出来的将军，所以时刻感谢党的培养。

这都是我的荣誉，这都是光荣，这都是人民给我的，所以我是个战争幸存者，是和平时期的幸福人。我们走进新时代后仍要不忘初心，就是要很好地发扬我们党的传统，牢记使命，还要尽一个老党员、老同志、老兵的责任。

胡长哲

"黄继光母亲回信激励我前进"

英雄档案

胡长哲，1933 年 7 月生于江苏南京。1951 年参军，1953 年 3 月抗美援朝出国作战，时任志愿军第十六军三十二师九十六团军械修理所所长。他至今保留着 70 年前黄继光的母亲邓芳芝写给他的一封回信，以英雄精神激励自己，不忘初心，勇毅前行。1961 年加入中国共产党。

胡长哲父母早亡，在孤儿院长大的他以优异成绩考入陶行知开办的南京晓庄学校读书。1951 年，胡长哲主动报名参军。

胡长哲口述：

那时候就想，是人民、是党、是国家把我养大的，所以说我一定要报效祖国，一定要为国家、为人民作贡献。

经过在南京第三炮兵技术学校 2 年时间的系统学习，胡长哲踏上了战火纷飞的朝鲜战场。

黄继光牺牲后，全军开展了向英雄学习的活动。胡长哲感动之余，萌生出一个想法。

胡长哲口述：

黄妈妈的孩子牺牲了，后来我就想了，给黄妈妈写封信，安慰安慰黄妈妈。另外我表一下决心，我愿意做黄妈妈的儿子，而且我想把我的第一张立功喜报寄给黄妈妈。在朝鲜写信很困难，1 个月以后，我真的接到了黄妈妈的回信。这封信让整个坑道都沸腾了，战士们都高兴得了不得，催我赶快念。

70 年前的这封回信，纸张已经泛黄，字迹已经斑驳，可其中饱含的深情让胡长

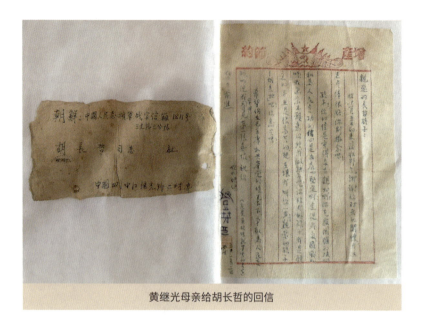

黄继光母亲给胡长哲的回信

哲至今读起来仍热泪盈眶。

胡长哲口述：

亲爱的长哲孩子，你 11 月 5 日的来信收到了，谢谢你对我的关怀，我近来身体很好，你别挂念吧。孩子，你的信是多么的亲切啊，你克服困难的决心和为人民立功的信心是多么的坚定啊，这是我感动的啊。我怎么不愿意你给我做孩子呢，你给我做孩子我是愿意的，而且是很高兴啊。现在让我叫你一声亲爱的孩子胡长哲吧，你高兴吗？希望你在毛主席和共产党的培养下，争取为人民立功，以便让我早点看见你第一张立功喜报。你的妈妈：邓芳芝。

信短情长。这百余字，给了胡长哲直面生死、无畏无惧的精神力量。他无论走

到哪里，都把黄妈妈的信带在身边。这封信饱含的不仅是妈妈的牵挂，更是信仰的方向。

胡长哲口述：

我们在朝鲜的时候，行军也是很苦的。白天你不敢走，晚上运送物资的时候汽车才能走，平时部队都是马车，装的生活用品、背包。晚上行军的时候，我们就扶着马车走路。说起来也奇怪，很累，人很疲乏，扶着大车走走走，就会睡着，实际上太累了。遇到路上坑坑洼洼的，醒了，醒了一看，是炮弹坑，或者是炸弹坑，或者是汽车坑。然后又继续走，走走走走，又睡着了，就这样也要坚持行军不掉队。

1953 年 7 月，胡长哲接到任务，带

领 7 台弹药车，向正在三八线附近作战的第十六军运送弹药。胡长哲在夜里行动，快到三八线附近时，遭到敌人排炮袭击。

胡长哲口述：

我当时就喊，同志们快隐蔽、分散。汽车靠到山根底下，停下来，然后我们十几个人就躲到山沟里。正在这时候，一发美国炮弹疯狂地往我们这边打过来，落到我们身后六七米的地方。当时我一想，完了，可能我们这几个人都完了。等了一会儿没有响声，就好奇地跑到后面看，炮弹怎么没有爆炸呢？结果一看，炮弹半截在土里头，半截在外头，没有爆炸，是一发哑弹。

2021 年 12 月 18 日，在电影《跨过鸭绿江》公映之际，胡长哲将这封信捐赠给了抗美援朝纪念馆，希望它能激励越来越多的后来人，不忘革命先烈，弘扬伟大的抗美援朝精神。

胡长哲口述：

每当我打开这封信的时候，我总是在想黄妈妈，她总是在鼓励我，好好工作，好好为人民服务。因为我从小是个孤儿，是人民和党把我养大的，所以有一次想起黄妈妈的时候，我还作了首诗，我给大家朗诵。

妈妈，您在哪里啊？妈妈，亲爱的妈妈，您在哪里啊？儿子想您啊！六十六年前，我在朝鲜战场，战火纷飞的战场上，接到你给我的来信，答应收留我做你的孩子，要我继承英雄黄继光的遗志。妈妈，孩子答应你，将我第一张立功喜报给你寄去，这张迟到的立功喜报，至今没有寄出。每当我打开你的来信和这张立功喜报时，我的心久久不能平静，妈妈，亲爱的妈妈，你在哪里，孩子想你啊！

陶伟

勇于"空中拼刺刀"

  1951 年 7 月，陶伟在飞行教员的带
领下第一次飞上了蓝天。

陶伟口述：

  当时学飞行还是很快的，初级教练机、
中级教练机、高级教练机，毕业，那时候
是 1952 年的 7 月份。之后分配到空军第
四师，到了空军第四师，我们第一个见到
的是李汉，李汉是我心目中的英雄。我到
了英雄的部队，特别高兴。

  1952 年 11 月，陶伟被分配到空军
第四师十团二大队任飞行员，编入战斗
序列。

陶伟口述：

  第一次空战是 1953 年的 4 月 17 日，
这次也是空四师第五次入朝作战。第一次
战斗起飞，我有幸地成了首飞的飞行员之
一。当时起飞 8 架飞机，带队长机是团长
邹炎，第二梯队的长机是我的大队长申炳
义，我是 8 号机。我训练编队时技术还可
以，所以才让我首飞，这 7 名飞行员都是
老的，就带我一个新的。

  陶伟驾驶的飞机由于发动机多次翻
修，高空推力不足，同长机的距离越来越

远，最后看不见长机，掉队了。这时，4架敌机从左前方迎面飞来，开始是4个小黑点，很快就看清是4架 F-86。

陶伟口述：

当时咱们战术不好，经常有单机。偷袭单机，是美国惯用的战法。敌人没有提前进来对我强攻，而是绕到我后头想对我进行袭击，这在空战当中是非常被动的情况，也是我们当时地面研习比较细的情况。老飞行员也给我们介绍很多的经验，因为他们也有过单机的时候。经验最重要的一条，就是掌握好反击的时机，向敌人来的方向转，要转得快，转得急，把他甩出去就行，不能迟疑。转早了，敌人就追上了；转晚了，敌人就开炮了。

孤军奋战的陶伟没有退缩，他迅速冷静下来，考虑用战友们曾经研习的战术伺机攻击对方。

陶伟口述：

没袭击以前，我就尽量保持飞机平稳，说不好听的，就好像是傻瓜吧，等着挨打吧。等飞了大概一分多钟、两分钟的样子，时间不是很短，我知道他在我左后方，多远我也不知道，这时候我下决心，反正豁上就这一下子，很快压坡度向左急转，一看敌机从这出来了，距离有四五百米，要再迟一会儿，敌机可能开炮了。我接着翻

过来，向右转，敌机机翼在这儿，然后我再左转，这等于做了个"S"，做"S"走的路稍稍远一点儿，这样把两架敌机逼到前面去了，另外两架飞机到哪里去了，我也不知道，也顾不上看了，就赶快追这两架敌机。然后就拉杆瞄准，大概600多米开炮，把敌机击伤了。敌人一看我开火，急盘旋下降，我一看我跟不上他，就拉起来返航了，这次是击伤美国 F-86 飞机一架。

一个月后，志愿军8架战机飞至宜川、义州、铁山地区与敌机展开空战。陶伟驾驶的僚机和长机在返航途中遭到两架敌机跟踪追击，长机被击落，只剩陶伟孤军奋战。

陶伟口述：

我一看这种状况，我就很快冲上来了，这时候也就两三百米左右。冲上来以后，我赶快把飞机拉起来，这是一个习惯动作，拉起来看看到底怎么回事儿。拉起来以后，敌机在右边，我就这么拉起来，这样就进入了视线的盲区。我赶快压坡度看，这样机头就往下掉，飞机一边滚转，我一边看，那么大个飞机在前面，是开炮的极好时机。我就3炮齐发，飞机一边滚转，一边速度很大地往前冲，一边开炮。事后通过胶卷判断，120米的时候，整个前直角最准确，就定为120米击落敌机。这次飞行结束以后，我跟我副师长汇报，副师长就看胶卷听汇报，我的副师长叫王香雄，这是个老

红军，也是个刺刀见红的老战士。他一看，他就说，这不是空中拼刺刀嘛。他一看摄影胶卷，离得那么近。他是在陆军拼过刺刀的人，刺刀见红的人，所以他一产生联想，就说出"空中拼刺刀"这个话，这个词儿就这么产生了。

陶伟至今保存着当年击落敌机时自己飞机拍摄的敌机照片。他 1955 年调到航空学校任飞行教员，直到 1985 年停飞，见证了共和国空军从无到有、由弱变强的光辉历程。

2021 年 8 月，陶伟专程来到丹东，走进抗美援朝纪念馆，见到国防教育园内当年志愿军驾驶的米格 -15 型战机，老英雄难掩激动，敬礼致意。

陶伟口述：

这就是当年我们在朝鲜作战使用的飞机——米格 -15 比斯，这个飞机性能还是不错的，是当时比较先进的亚音速喷气式战斗机。这个飞机的特点是上升性能好、火力强，有三门炮，这是二三炮两门，那边是三七炮还有一门。这个上头的圆形是照相枪，飞机开炮的时候，同步照相，炮弹打哪里，照相照哪里，击落敌机重要的依据就是射击胶卷。

抗美援朝取得了伟大的胜利，美帝国主义是个纸老虎。但这个纸老虎，你要打它，打痛它，它才是纸老虎；你打不痛它，它还是真老虎，也会吃人。所以我们时时刻刻对战争，还是要保持高度警惕，丝毫不能麻痹。

袁辛维
战斗在 938.2 高地

英雄档案

　　袁辛维，1931 年出生于河北高阳县，1948年 1 月加入中国共产党，同年参军，先后参加解放太原、四川剿匪等战役。1950 年抗美援朝出国作战，任志愿军第六十军一七九师五三六团二营五连二排五班班长，负伤不下火线，赢得 938.2 高地攻守战胜利。

　　938.2 高地位于朝鲜平安南道金化郡，地理位置至关重要。1953 年 6 月，第六十军一七九师奉命攻坚，袁辛维和战友们向南朝鲜守军阵地发起攻击，一举攻下高地，敌人在飞机大炮的配合下疯狂反扑，志愿军伤亡很大。

　　打退了敌人的三次反扑，弹药不足的困难更加严重，敌人的炮火更加猛烈。

袁辛维口述：

　　我这个班是九个人，打下这个仗以后剩了五个人。敌人上来攻击，打下第一次反扑，剩了三个人。第三次反扑敌人上来了，跑到我们阵地上来了，我们的人不够，人少，人少也得打。冲锋枪没有子弹了，怎么办呢？敌人的手榴弹有，一大堆，前握手榴弹，把插销一拔就投。我投弹投得远，三四个人给我掰，供我一个人投，把敌人打下去了。

袁辛维口述：

　　咚，就来了一颗坦克弹，这坦克弹是颗穿甲弹，打到地下，它把石头翻上来，也就这么长个沟。我在那趴着，它就把我埋上了，我就起不来。这时候来了个兵，我说："你快帮忙，我起不来。"他就把我扒出来了。扒出来之后，我这耳朵就"嗡嗡"响。他背了一箱子冲锋弹，这把我高兴坏了，这下子我的枪有子弹了。

战斗异常艰苦，打退敌人第四次进攻后，袁辛维自己也负了伤。

袁辛维口述：

敌人要打炮，我端着转盘机枪，进去一个小防空洞，有枪声和叫声，我后面有三个人，这三个人全都牺牲了。我感觉腿怎么这么烧，这么疼，这么难受？我伸手摸一摸，哎哟，坏了，我伤到骨头了。

因为袁辛维此前已经将自己的急救包送给了其他战友使用，现在负伤的他就没有救治物品了。

袁辛维口述：

没办法，敌人的降落伞，挂探照灯的小降落伞打下来，我就把它披在伤口里面。

这下子可要了命了，我这里开了三次刀，脏，太埋汰了。

袁辛维忍住伤痛坚持战斗，打退敌人多次反扑，最终坚守住 938.2 高地、赢得战斗胜利。撤出阵地后，他被紧急送到营救护所。

袁辛维口述：

到营里救护所之后，正好碰上了我们的营长曲云龙："小鬼你咋了？"我说："负伤了，营长。"他说："哪负伤了？"我说："腿。""赶快，跟卫生员要绷带把腿绑上，搁到脖子上挎着，再要个拐杖往回走。"

"人在，阵地就在"，这是袁辛维心中坚定的信念。因为他在坚守阵地的时时刻刻，都能感受到来自祖国的温暖和力量。

袁辛维口述：

这是咱们祖国给我们的烟斗，上面刻着"祖国啊，母亲！"多少兵掉眼泪，"祖国啊，母亲！""祖国啊，母亲！"

那是 1952 年，我们有的眼睛瞅不见了，光瞅天上星星挺亮，但完全看不见，因为缺乏营养。这时候咱们祖国给运去了羊肠子、羊肚子、鸡蛋、黄豆、鱼肝油，才解决了。我们有人，我们有决心，有恒心，有信心战胜敌人，用我们的决心，用中国人民的决心，一切敌人都能战胜！

黄晓兰

在战火与鲜血的考验中成长

英雄档案

黄晓兰，1937 年 8 月生于广西钦州市灵山县。1952 年参军，1953 年初，从第五十四军托儿所调到前线一三○师卫生营工作。尽管没有经过专业训练和培训，但在抗美援朝的炮火中不断成长。她扎自己的胳膊练习打针，争抢着为伤员输血，终于见惯生死、练就坚强。

身单力薄的黄晓兰踏上朝鲜战场，一个个挑战接踵而来，第一个问题是行军。

黄晓兰口述：

你说背那么多东西，你可以想象，那么小的小孩子，我很难很难跟上队伍的，人家两步我得三步走，才能跟得上队伍。

过那个封锁线，还没有过到一半，敌机就出来轰炸了，所以就使劲跑啊，就使劲跟着大部队走，就冲过了封锁线，我也没有掉队。

卫生营要救死扶伤，黄晓兰面临的又一个考验是怕血。

黄晓兰口述：

因为是刚刚入朝，我是第一次看到那么多伤员，缺胳膊缺腿的也有，打伤脑袋的也有，哎哟，吓得我呀，真是好害怕好害怕。后来我们班长看着我这样子，我们班长姓王，看我也不懂，什么都不会做，就待在旁边，身子就那么发抖，她说"小黄你过来"，我就过去了，"你不要害怕。"她就慢条斯理给我说："你怕什么，你那么小，都敢当兵，就说明你胆子还是不小的。你就把他们当作你的亲人，当作你的兄弟姐妹，这样的话你就不会害怕了。我告诉你怎么包扎伤口，怎么上药，跟着我以后，你不要害怕，我来教你。"所以我就慢慢地跟班长学起来，那一次以后，我就不感觉那么害怕喽，救死扶伤嘛。我就克服了这个见血就怕的心理。

过了心理关，还要过技术关。没有医护基础的黄晓兰又遇到了打针的难题。

黄晓兰口述：

我记得第一次给他们打针的时候，应该扎进去的就扎不进，要不就是药水漏出来，漏到那个肌肉里面去，这是很疼的。要不然就扎不进，要不然就扎漏了这样的。所以那些伤员一看见我这个小不点走过去、拿着针的时候，看见还有大一点儿的护士，就说："不用你打了，这个大的护士来帮我打吧。"就不要我打了。

有一次那个大一点的护士长说："拿针过来，给他打肌肉。"我看过她们打，知道打肌肉是打手臂，但是有一次那个伤员两个手臂都挨炸了，炸了以后都用绷带绑紧了，两边都没有办法打了。我就问护士长："打哪个地方啊？都打不了啊，手臂这里都是伤口。"她讲："打臀部。"我奇怪："什么叫臀部啊？"我都不懂。"打屁股。"她就这么一说。我说："打屁股怎么打？"她就把衣服拉起来，告诉我怎么在这里扎，我才知道，所以你说笑话不笑话。

倔强要强的黄晓兰没有退缩，背地里她开始拿针在自己的身上做起了练习。

黄晓兰口述：

自己又拿针偷偷在没人的时候，自己往自己手臂上扎，反正是要学，再怎么疼，也要学。我就不相信伤员就那么一直害怕我，见我这小不点来之后就害怕，就说"不要你了"，这样跟你说，多害羞啊！多惭愧啊！自己觉得很难受。所以，就鼓励自己不懂的要多问，慢慢地就学会了打针。

最后在那个坑道里面，很暗的坑道，两面都是伤病员，去那里打针的时候怎么办？我学到用嘴咬着这个手电筒来照明，自己要跪下来给伤员打针，特别是要打血管的时候，就是这么困难的情况下，又跪下来，位置很不正常，又用嘴咬手电筒，我都能够很准确地把那个药水打进去，病号也不叫了。所以这一点的话，我自己觉得有一点点沾沾自喜了，觉得你还敢小看我？大家都是护士，为什么我就不能打？！我就不相信真有那么难，所以还得自己有决心。

在轰隆的炮声中，在淋漓的鲜血前，黄晓兰好像一下子长大了，她完全融入到人民军队的大家庭中，把伤病员当成亲人。

黄晓兰口述：

有一次我记得有一个安徽籍的小战

士,19岁还不到,他被炮弹炸了,都炸坏了,一边身子不能动,这一边脑袋都给炸毁了,要马上给他输血抢救。我想,正好他是B型,我也是B型,这样的话我就准备去输血了。我们那时候输血不像现在那样,那么正规,就是面对面,供血的人插上针头,直接输到伤员这里的。我正准备输血,我们班长来告诉我说:"小黄,不要你输了。"我说:"干吗不让我输啊?"她说:"你年纪太小了,发育不良,以后影响你发育怎么办?"所以她说:"算了算了,不要你输。"后来我讲:"我说班长啊,我怎么也是个志愿军,还是个白衣战士,教育我们是这样教育的,白衣战士就是要救死扶伤,现在我跟那个病号都已经对上号了,为什么不让我输,你不给我这个救死扶伤的机会?不行,我一定要输,什么影响不影响的,我不怕。"后来在场的也有几个医生、护士,她们说,既然她决心那么大,那就让她输吧,结果抽了我300CC。

而从战场上下来的伤病员的顽强精神,也给了黄晓兰无穷的力量。

黄晓兰口述:

他们真是太勇敢了。比如说那个安徽的小战士,他一边的手动不了,只有一只手可以动。他说:"美帝国主义啊,你来打我啊,你用大炮来轰我啊,你轰我,这个手动不了,但是我好起来的话,我还要去打你呀!"他就是那样讲的,所以你说他的这种精神啊,能不让我们感动吗?我就学他那个勇敢的精神。虽然我没有立过功,也不是英雄,不过我觉得我也很荣幸。如果我不当兵,我就没有机会参加到这个伟大的抗美援朝战争中,更不可能经受到这些实实在在的考验,所以我觉得我这个兵绝对是当对了,我经受了抗美援朝战争的考验以后,变得坚强多了。

马世勋

"金点子"统计员 "铁肩膀"后勤兵

英雄档案

马世勋，1932 年 12 月出生，辽宁省新民市人。1950 年参军，作为志愿军后勤一分部四大站统计员抗美援朝出国作战。他忍受病痛坚守岗位，开动脑筋，提高物资调拨效率，为前线夺取胜利作出贡献。

抗美援朝战争爆发，18 岁的马世勋放弃了在辽西干部学院财经班学习的机会，参军入伍。

马世勋口述：

当我们参军换军装的时候，营长不让换，他说你们都是青年学生，考没考虑好？没考虑好，我们把你送回去，可以再重新分配工作。他比划着两边衣襟抖搂抖搂，说换上这身衣服，命就不是自己的了，你们害怕不害怕？我说为了祖国，为了人民，我们敢于奔赴前线，不害怕。永远跟着共产党干革命！

艰苦的战场条件下，马世勋感受到人民军队里指战员们亲如兄弟的深厚情谊。

马世勋口述：

我们过大同江的时候，浮桥太窄，正好遇到和炮兵一起过江，那个浮桥只够走炮兵的炮车，我们步兵一律涉水渡江。我们把棉裤脱了，棉鞋脱了，绑在脖子上，我还领着一个 15 岁的小通信员，他是一个孤儿，叫周玉富，紧跟着三排后边。往前走着走着，走到深水层的时候，正好炮车过来了，这炮车一压着浮桥一栽一栽的，弄出大浪来，就把周玉富打倒了。我拽他我就有点拽不住，我才十八九，拽不住他。后来三排长一把抓着我袄领子就喊：

"十二班班长你快救小周。"十二班班长上深水层去，紧走几步就把小周抓住了，我也挺起身来了，也站住脚了。他一手抓我皮带，一手抓小周皮带，他就倒退走，那体力真好。好歹过了这个深水区了，我们就慢慢上岸吧，那冻得连腿都不会迈步了，连累再加上冻的。到了岸上很多人都想要休息休息，领导就告诉，赶紧跑赶紧跑，跑跑身上就热乎了。跑一辘轳，完了把脚的泥沙擦掉了，把棉裤穿上，把棉鞋穿上了，就继续向前走，那可真是艰苦啊！

马世勋发挥所学专长，在统计库存、做账汇总的过程中，想出了不少好点子，提高了物资调拨工作效率。

马世勋口述：

那时候当统计先是现场统计，现场统计是啥？来汽车了，你给开运单，没运单不行，开三联单，飞机还在上面飞，你还不敢在底下打灯，冬天用大衣把脑袋一蒙，就趴地上开，这效率太低。到后来我晚间汇总运单的时候就发现一个问题，这一个连的车都是一个型号，拉5000斤都拉5000斤，以后他拉多少分量都是多少分量。我再接受任务时我就先问，是哪个连的车来？他告诉我哪个连的车来，那我就知道了，哪个连车载重量我就知道。我事先就把运单开好，遣运地点、接收单位、品名数量都开好了，就留个司机姓名和汽车号码这两栏，这样就节省现场开运单的时间，一个汽车平均能提前 5 分钟开出现场，这样还免得拥挤。

在第五次战役结束以前，马世勋所在的后勤连部一直没有固定驻地，连夜行军百里是家常便饭。为了避免暴露目标，夜晚爬冰卧雪，白天带着物资四处躲避也是稀松平常。正是有后勤人员的辛苦付出，才破解了敌军的"绞杀战"，保障了前线的弹药物资。

马世勋口述：

我们战胜了敌人的绞杀战，怎么战胜的？搞成"三位一体"。什么叫"三位一体"？第一个就是抢修，就是飞机来了把公路铁路炸坏了，凡是在那个地区的驻军，不论你哪个兵种，也不论你是什么兵，医院的机关的，也不管是谁，都得填炸弹坑去。

有时候江桥修不上了，火车的物资就得卸到江的北岸。咱那民工担架队提出来，卸到江北岸多少，我们用肩膀就扛到江南岸多少，装汽车往前运，那一宿扛多少回，真是人的因素第一啊！

后来咱们卸火车有时候被敌人测出方位来，我们吃过亏，以后采取啥办法呢？游击车站。我们不在这固定车站卸车，多点甩车，这一个列车不一定甩几个点来卸，也叫作"羊拉屎装卸"，当时真是想了很多办法。

有一次上甘岭战役缺 2 万颗手榴弹，洪学智司令员接到电话立刻安排，从接电话到交货 40 个小时。赵南起将军那时是团级干部，负责运输。他做计划，给在朝鲜的所有军机库都打电话，都没有了。他又给丹东打电话，丹东说还有 8 万，他说你在丹东组织 15 台技术状态最好的车，再挑 15 个技术最强的司机，晚间马上起身，到定州。定州五分部又组织 15 个司机，这 15 个司机下车，那 15 个司机上车继续开。半夜的时候，开到二分部，提前把手榴弹交到上甘岭，交到十五军，没超过 40 小时。要是正常走，得走 3 天到 5 天。

由于长期夜以继日地忙碌，马世勋积劳成疾，患上了肺结核、胃病和关节炎，但他始终坚守在自己的岗位上。

王凤和

三次重伤不退缩 两次入朝勇当先

英雄档案

王凤和，1925 年生于山东临沂费县。1945 年参加八路军，1946 年加入中国共产党。抗美援朝时期时任志愿军第四十军一二〇师三五九团一连指导员、一营教导员，二次过江、英勇作战，荣获朝鲜三级国旗勋章。

1950 年 10 月 19 日，第四十军作为第一批入朝部队跨过鸭绿江。10 月 25 日，一二〇师在温井附近打响了抗美援朝出国作战的第一枪。

王凤和口述：

正在挖工事的时候，发现 3 个敌人，端着枪，大概在东南角，离我们 500 米左右吧，往我们这个方向运动。大约离我们 150 米远的时候，我说把机枪给我，那个枪是加拿大造的，很好使，我打了 3 个点射，这 3 个人当场就倒了。接着我听山下有人说话，我让那个战士给我拿过来 3 个手榴弹。因为我个儿高，胳膊长，我投弹投得比较远，我一般都投 35 米以上。3 个手榴弹打下去，爆炸，就听得下边，有哭的，有叫的。

11 月 4 日，王凤和部接到命令：利用一夜时间百里急行军，渡过九龙江，赶到龙渊洞，切断美 24 师退路。

王凤和口述：

那天正好下小雨，我们跑得汗流浃背，为了赶路程，为了减轻负担，背包都扔到路旁边。跑了半天，雨是越下越大。就到了江边，过九龙江。

那时候 11 月份，水已经凉了。政委马顺天第一个跳进水里，随后大家都过去了。过去以后，猛跑猛追，团里叫三营营长张凤玉带八连，赶快抢占制高点。他带着八连上了制高点，一看敌人在山底下，那个汽车一个挨一个地往前走，走得很慢。他这轻重机枪、大炮一起开火，敌人乱套了，到处跑。八连二排长李平带着几个战士冲到前面，正好把一个美国的吉普车给拦住了，吉普车上 7 个人，其中一个是侦察科长，他们被拦住以后，有的往小车底下钻，有的脑袋瓜子搁地下，不敢抬起头来，反正就是狼狈透了。

在追击过程中，通讯员说："指导员，你负伤了，负伤了。"我才发现，我是被打在这个左手，那也是流血顾不得，疼也顾不得，最后实在不行了，卫生员给我包扎好。现在这个小手指神不开，残废。

这次战斗，消灭美国二十四师十九团一个加强连，打死打伤美国兵 100 多人，俘虏美国兵 100 多人，缴获汽车 81 辆，缴获榴弹炮 4 门，缴获掷弹筒，就是发射炮弹的小炮 15 具，战略物资一部分，所以这一仗打得非常漂亮。

受伤的王凤和被送回国内治疗，3 个月后，他不顾劝阻，带着 30 多个已康复的伤病员，第二次跨过鸭绿江，重返抗美援朝战场。

王凤和口述：

我回到一连，晚上，一看见我去了，老指导员说，你回来了。几个熟悉的人就围着我眼泪唰唰掉出来了，说我们连长牺牲了，三排长牺牲了，你那个好射击手聂文章也牺牲了，说你的好副指导员、好副手王哲厚也牺牲了。我听后，我的眼泪哗哗地下来了。

随着战线向南推进，志愿军的补给出现了困难。

王凤和口述：

因为这个战线越拉越长，所以运输跟不上，缺吃，弹药运不上去，穿的衣服已经都磨坏了。

那段时间全靠炒面。你在山上，没有火，也没有水，也没有粮，也不敢冒烟，你冒烟飞机马上打你。所以那一段时间，炒面在志愿军里边，那就发挥着很大的充饥作用。

开始通讯员给我用那个小搪瓷碗盛了半碗炒面，我也不知道，我一舔，嘴里都是炒面，差点把我呛死，喘不过气了。后来慢慢地明白了，为什么叫"一口炒面一口雪"，"一口炒面一口水"也可以，就是把这个炒面给洇湿了，才能咽下去，不呛嗓子。

那段时间是最困难的时期，也是最考验我们志愿军干部战士的阶段，我们的战士在这种情况下斗志昂扬、生死不怕，所以中国人民志愿军是"最可爱的人"，这个称呼一点不过分。

战斗间隙，作为教导员的王凤和经常通过讲"一块钱"的故事，来做战士们的思想政治工作。

王凤和口述：

我说中华人民共和国刚建立，我们国家还挺困难，人民群众生活水平还不高。在这种情况下，给我们战士一人一块钱，别看一块钱，这是人民的心，这是中国人民对我们志愿军的热爱、关心、关怀。我们不能把这一块钱就看成是一块钱，应该看成是一种鼓励。在朝鲜一定要把美国打跑，一定要实现抗美援朝保家卫国这个愿望。

1952年5月，王凤和所在部队奉命到板门店往东延伸到后川洞一带执行坚守防御任务，最近处的坑道与敌军只相隔200米。5月26日，二排换防时突然遭到美军轰炸，牺牲很大。

王凤和口述：

打来了电话，说这个2号坑道被飞机炸了，60多个同志，生死不明。哎呀，当时我一听这个消息，脑袋瓜轰的一下，差点摔倒。我说我要到前沿去，因为我们的阵地低，敌人阵地比我们高，我们白天不敢行动，一行动敌人看得清楚，他用高射机枪、重机枪来封锁你。营长说不行，这事得我去，副营长说我也去，我们几个

人争吵起来，最后我把他们说服了。快到一连二连接合部这个地方，敌人发现我们了，打了一个燃烧弹。我说不好，我们赶快跑。前边有一个汽车隐蔽部，我们3个人刚进到隐蔽部，几发炮弹空中爆炸，就像打雷一样，轰轰轰。那个炮弹爆炸以后，那地儿就像那个扫把扫地啊！别说人，任何动物在那个范围之内都剩不下。那个范金斗说："教导员，你怎么知道敌人要打炮呢？"我说："什么叫老兵？老兵不是老就叫老兵，老兵是在枪林弹雨里边流血牺牲换来的称呼。"

太阳一落，我们3个到了连部，我就围着被炸的那个大坑转了一圈，一个人也没看见，一个枪炮也没看见，一个服装也没看见。那个坑道我去过好多次，所以这些人的面孔我都比较熟悉，都跟我关系相当不错，这一下子一个炮弹下来，人就都不见了，我能不难过吗？我能不伤心吗？能不仇恨美帝国主义吗？所以我边流着泪边把情况看完了，我说二排是没了，要把炮排拿出两个班来，我说曲日江你就是二排的排长，这个阵地就是你的了，白天的联络信号、晚上的联络信号和其他情况的规定不变，这个阵地你要守好。当场曲日江就讲："教导员你放心，任务交给我，我是共产党员，只要人在，阵地就在。"

一回到营部指挥所，营长、副营长、参谋、干事这上来都抱着我说："哎呀，把我们吓坏了，我们以为你不一定能回来

了。"我说我人穷命大，我说我负伤 3 次了。我说打辽西会战，在三桥子和国民党打，帽子都给我打了两个窟窿，没打着肉，没打着脑袋；我打锦州，敌人的一个炮弹皮打到我这个肚子上，我的两个弹夹救了我一条命，两个弹夹打扁了，肚子没打上；打这个平津战役，国民党一个副连长打了我一枪，满脸都是血，他那个枪子弹是卡宾枪子弹，弹丸小，没打着脑子，你看我这命大不大？大家伙很高兴。

1952 年 7 月，美军经常搞偷袭，破坏和谈。王凤和指挥战士们在分界线之间挖坑道、设埋伏，要抓俘虏、取证据。

王凤和口述：

因为这个前沿离敌人很近，所以他经常派小部队到我们这个前沿捣乱，有时候打黑枪，有时候来割我们的电线，他们的代表不承认。李克农是谈判代表团的团长，下命令叫我们师叫我们团抓俘虏，团里打电话叫我协助。

侦察排在小坑道那儿，蹲了 4 天 4 宿，敌人晚上来了，打死了几个，抓了 5 个，把他们送到代表团，代表团相当高兴啊！以后我又派三连连长李富贵，也带了两个排，也上这个地方，待了 3 天 3 宿，晚上不敢出来，带着吃的，打死了两个，打伤了两个，抓了一个活的。抓他两次俘虏，

为代表团打气撑腰。

我们为什么能打胜仗？一有党的领导，第二个有我们干部模范作用：带头！所以就剩一个人、剩一支枪也要战斗到底。打完了子弹，打手榴弹，打完了手榴弹，用石头打，最后用拳头打。总而言之，我这个阵地不能丢。

我们以弱的装备打败了最强的美帝国主义，从这一点来讲，我非常自豪，我们中国人不是好惹的，中国人不是好欺负的。抗美援朝这一仗，不但是保卫了朝鲜，保卫了祖国的安全，也保卫了世界的和平，也让全世界知道中国不是好惹的，中国人民志愿军不是好惹的。

张锦华

"没有时间掉眼泪 活着就要作贡献"

英雄档案

张锦华，1936 年生于重庆涪陵。1949 年 11 月参军，1951 年 7 月抗美援朝出国作战，担任第五十军后勤部第三医疗所护士，立三等功一次，受全军通令嘉奖一次。1958 年加入中国共产党，后专攻小儿神经母细胞瘤的诊治与实验研究，并取得重大成果。

还没过鸭绿江，张锦华就经历了战争的危险。

张锦华口述：

我们就从武汉坐闷罐车到丹东，住在丹东高中。丹东高中是烧那个火炉，白天每人一个锹，每人发两个饼，就到山上去学习野战救护。

有一天正在上课，就遇到大量的飞机，突然压顶就过来了。我们当时规定的是每人挖一个小防空战壕，在山坡上学，敌机突然来了，我们就马上离开这个地方，分散到各个地方，我就滚到一棵树底下，就躺着，伏着。结果飞机就炸新义州，轮番轰炸，轰炸了 3 个小时。

入朝以后，张锦华和同事们没日没夜地抢救伤员。

张锦华口述：

我们在朝鲜的手术室，就一间房子，周围是白布裹着，飞机飞低的时候把我们手术室房顶的房草都刮走了。那个时候，伤员都是大卡车拉下来，都是伤很重的呀，扶下来一碰啊，身上全是冰，那冰实际是他的血流在身上结冰了。有的伤员腿被打断了，自己把大腿抱着来医院，要我们给他接上，接着就说："我还要上战场，给

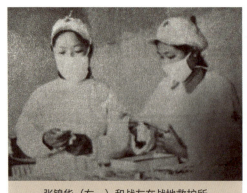

张锦华（右一）和战友在战地救护所

我把腿接上。"

一次战斗当中，一位伤员坐下来，两个手捂着肚子，我要给他量血压，我说："你得把手拿开。"他就不动。结果我硬把他右手拉开，拉开以后那个肠子"噗"就出来了。哎呀，当时我也很小，15岁嘛。给他消毒以后，用手把肠子送回肚子里去，顺手拿个小药碗，把那个伤口给它扣住了，然后拿绷带绑上了，这样把他送进了手术室，最后这个战士保住了生命。

战士们勇敢顽强的精神深深地影响着张锦华，她每天都在竭尽全力，希望多救治一些伤员。

张锦华口述：

我们每个人都是把死亡置之度外，都是把团费放在胸前，家里地址写好，只要伤员来，谁的血型符合，都伸手，都说"输我的吧"，都是抢着轮流给伤员输血。

我们上了一个夜班，回来以后就吃饭，那两个手端饭碗都没有劲，相当累了，躺下就起不来。到坑道里头，有的时候边吃饭，这边就睡着了。

我们没有觉得苦和累，我们的战友今天在一起，明天可能就不能在一起了，来不及掉眼泪，没有时间掉眼泪。那种战争场面非常的残酷，战争条件非常艰苦，只是想办法多抢救一个伤员，这是我们的理想，没有个人的任何想法。

部队经常有这个生死教育，什么叫生，什么叫死。当时的歌是这样唱的："工厂冒烟，庄稼种得好，我们的父母常欢笑。"我们流点血，是为了祖国人民的幸福。都是这种思想在鼓励我们、教育我们，理解抗美援朝、保家卫国的深远意义，所以有这种信念和概念，谁都不怕死，谁都不怕苦。

抗美援朝的战争岁月里，张锦华最难忘的是革命的引路人和亲密的战友情。

张锦华口述：

我参军的时候，我们的老师是个地下党，就给我们拍照，他在那个照片后面给我写的是："锦华小娃娃，祝福你在革命的熔炉中坚强地生长起来。"干活没有退后的，都往前，飞机来了，年龄大的同志都把我护在身下，他们都趴到我身上保护我。

我们所的教导员告诉我说："有一本书叫《钢铁是怎样炼成的》，你应该想办法看一看。"这本书对我一生有很大的影响，我更懂得人为什么活着，人不能枉来这世界一趟。所以我就下决心了，要好好学习。

1955 年回国后，张锦华决心重返校园努力学习，并通过自己的不懈努力，考上了中国医科大学。

张锦华口述：

我到了哈尔滨九中，从初一跳一年，就念初三，初二的课程一天没上过，X、Y 是什么东西不知道，就这样的在那学，边学初三还边补初二，所以非常累，都累得直吐啊，生活还艰苦。校长说："你太累了，你跟不上。"我说："我这半年学完看一看，如果不行我就降到初二。"当时我想到保尔·柯察金，想到在朝鲜比这还艰苦。到了初三的上半年呢，除了代数 3 分以外，几何 4 分，其他全是 5 分，这样就没有降级，到初三下学期，又被保送上了高中，这样我顺利地考进了大学。当时整个中学没有发展学生党员的，我是第

一个在中学发展的学生党员。

所以抗美援朝这一段经历，对我是一个很好的锻炼，之所以能把学习刻苦坚持下来，确实是因为在朝鲜这个艰苦环境下培养出来的坚强意志。

1984 年，张锦华开始对小儿神经母细胞瘤进行诊治与实验研究，取得重大突破。先后获国家自然科学基金、卫生部科研基金资助项目各两项，培养硕博研究生 15 名，发表论著 130 余篇，出版专著两本，获国务院政府津贴及卫生部突出贡献奖和德育先进奖。

张锦华口述：

我现在 87 岁，每周一、三、五，上三整天班，亲自指导查房，骨穿，看骨髓，指导治疗，生活很规律，也很充实，觉得挺愉快。只要我能动，我就想多治些病人，多培养一些年轻人，我就尽量要多作一些贡献。

范鸿志

智勇双全的工兵参谋

英雄档案

范鸿志，1926年5月出生，辽宁省铁岭县人。1949年12月参军，1950年12月从川西军政大学毕业，分配到第六十军工兵营工兵排任军事教员。1951年3月抗美援朝出国作战，任志愿军第六十军司令部工兵参谋，参加第五次战役，架桥排爆胆大心细，在史仓里阻击战中荣立三等功，1958年9月加入中国共产党。

1951年3月，正在修建指挥所的第六十军直属工兵营，接受了一个临时任务：以史仓里为支撑点，坚守鹰山峰隘口，以阻滞敌人北犯，为主力部队进入阵地、野战医院、后勤兵站及伤病员撤出危险区争取时间。

范鸿志口述：

当时在史仓里阻击战的时候，我是从学校门里头头一次上战场，当听见枪响了以后，我身子不自觉地发抖，腿控制不住。心想我为什么会这样呢？经过10分钟以后，产生一种刀枪不入的感觉，这是我亲身体验的。我下来以后和教导员讲，我说："我一到战场发抖，这算不算怕死啊？"

他说："不是，我参军时15岁，头一次上战场的时候把裤子都尿了，没有经历过这个啊！"他问："你后来怎么样？"我说："我有一种刀枪不入的感觉。"他说："咱俩是一样的。"

我在那里头见到一个叫周荣生的战友，他负轻伤了，指导员让他下去，他说："我在战前讲轻伤不下火线，我不能下去。"所以他就包包扎又去打反攻击。正在这个时候，轻机枪哑了不打了，结果他几个翻滚到轻机枪那里操起来就打，把敌人打退了，也分不清几次，结果来一颗流弹把他打中牺牲了，后来我们营 500 多人最后剩100 多人。

我们这个工兵营是非战斗部队，是个工程保障部队，在那里守了 3 天 4 夜，超额完成任务，伤亡很大，但是争取了时间，医院伤病员都借这个时间，全都从这个山口退回来了。

1953 年 7 月金城战役打响后，首长给范鸿志出了一个急需破解的难题。

范鸿志口述：

首长就把我找去了，说在北汉江的一个县城，那个地方的桥被炸断了，那个地方是一个交通要道，你记住架这个桥要保证交通畅通，不能使前方缺少弹药，伤病员都往后退，你把这个桥架上。我说："没问题，没问题。"首长瞅着我，我感觉心里毛突的。他说："你桥架起来了，第二天飞机来怎么办？"他说我告诉你啊，指我名："范鸿志，你桥架完成了只是完成了一半，甚至说不到一半，汽车能从桥通过这才算是你完成任务，也就是说你架完桥了，桥炸了，你没完成任务。"我这一听这下完了，高射炮也没有，他说："你能不能完成任务？"我说："能。"

我自己就想架个混合式桥。我那时候看杂志，看见德国用水路两用坦克，等白天的时候，把坦克就下到水里头，

第六十军政治部下发的《捷报》

等用的时候把水一排就呈出来了。咱们白天给它拆除，夜间给它架上。这事儿不是我发明的，这叫混合桥，就是两边搞加固，中间放船，白天的时候把它再拿下来，拉纤拉到上面，白天不就看不见了，所以这个桥就完成了，完成架好了以后，第二天拂晓前就把船再开上去了。

第二天完了就向首长汇报了，正打电话，这时候飞机来了，我说首长，你等一等，飞机来了。我就在那山头看，心里害怕，就怕敌机把桥炸了，两边是小木头，里面整的框，加的石。有 10 多分钟，飞机顺着河来回走，没发现，走了。我就给首长回电话，说："走了，敌人没发现。"

范鸿志（前排左一）和战友们

首长说："你完成任务了。"我非常高兴。

在反"绞杀战"中，敌军对交通运输线狂轰滥炸，工兵部队经常会遇到急难险重的问题。

范鸿志口述：

一天早上刚起床，电话铃响了，是一七九师，说拂晓前敌人投了多枚炸弹，有一枚没响，躺卧在公路旁，对部队施工，对公路运输、行走有极大的危害，不知道什么时候爆炸，希望军里派人排除。接完这个电话以后，我就把这个事儿向处长报告，处长说就把这个任务交给了我。我当时一想，炸弹是啥样的我没看见过，我在学校里也没学过这个玩意儿，但是当时的

志愿军战士接受任务没有讲条件的，我就接了这个任务。

我一边走一边想，怎么排除它？最后定下来用引爆法。到那去了以后，我一看炸弹躺在公路的三分之一那个地方，没破坏公路，我要是给它引爆了以后，就等于美国的飞机驾驶员没完成任务，我来给完成了，这是个下策。在这个时候我一看，公路是在半山腰拐弯的地方，有个很深很深的沟，用绳子把炸弹拉出去就排除了。我这一想这个炸弹在底下响了就好了，要是不响，部队施工大石头往下一滚，滚响了怎么办？也会造成伤亡；就算没有，老乡在那儿放牛，牛踩马踩了，响了怎么办？这个也不是好办法。

后来我一想，就和师里的首长讲："我

说我亲自排除。"我这时怎么能这样做呢？我在学校学习的时候听到过，炸弹里头有两个引信，前面的引信这一炸就碰在地上了，嘣一崩，就把这个炸药给炸了，前面没响，后面那个惯性弹性，它一定有个弹簧，一动一整后面的也响了，两个引信，经过这一震动它没响，一定是出什么毛病了，我说我排除。

我当时那真紧张，紧张到什么程度，师首长和部队战友都在我身后，趴在地上看着我，我感觉我的衣服当时就湿透了。我就开始拧，一拧咔的一声响，我下意识退后两步，其实你退后两步，你退20步这一响也是粉身碎骨。结果我又上去开始拧，拧下来了，多长？一尺多长的引信，这么粗，这么长，这是前面。我一看后面还有一个，和那前面一样，我把后面那个也拧下来，我手拿两个交给了军里师里的首长，师里首长拍拍我的肩膀头说："小同志你很勇敢，你的技术也很到家，我们一定把你的表现向上级反映。"我听了以后，那时候也年轻，一边走一边跳，身上非常轻松。

残酷的战争铸就了钢铁般的意志，革命的乐观主义精神培养了举

重若轻的英雄气概。战斗之余，范鸿志写诗抒怀。

范鸿志口述：

保家卫国意志坚，驰奔沙场血染山。马革裹尸有何惧，飞机大炮奈我何。

后来我学习后才懂得，没有国就没有家，国没有了家还存在吗？抗美援朝在那种情况下，党中央下令出兵进入朝鲜这是英明的。当时我拿的是步枪，拿的是轻机枪，最好的武器是重机枪，迫击炮有炮没弹，就在这种情况下，扛住了美国的飞机大炮，靠的是坚强的意志，坚强的爱国心。

周全弟

"冰雕连"英雄 中国的"保尔"

英雄档案

周全弟，1934年6月生于四川省南充市南部县。1949年12月随起义部队加入第三野战军第九兵团，1950年11月抗美援朝出国作战，任志愿军第二十六军七十七师二三一团一营二连战士，在长津湖战役中冻伤致残，是"冰雕连"幸存者之一。他自强不息，坚持学习，励志人生令人感佩，被誉为中国的"保尔"。

1950年11月下旬，志愿军第九兵团奉命入朝，在东线长津湖地区阻击美军。周全弟跟随第二十六军七十七师二三一团昼伏夜行，长途迂回奔袭，抵达黄草岭预设阵地。

周全弟口述：

到了集结地点就不能活动了，趴在哪里就趴在哪里。从这里趴起，一个人的话和另外一个人可能隔上两三米。敌人飞机侦察的时候，我们伪装的办法就是把棉衣翻过来，棉衣里面都是白的，就翻过来穿，趴在那里不容易发现我们。我们确实也没什么坑道，我们也没挖战壕，都没有，都在雪里趴着。

11月27日，长津湖地区普降大雪，气温低至零下40摄氏度。而第九兵团大多战士都是南方人，因为战事紧急，有的部队还穿着单衣就参加出国作战。

周全弟口述：

我们在东北的时候是轻装上阵，只背一个背包，薄薄的，一个棉衣。到了朝鲜之后，基本上没有啥棉被可裹。敌机基本上把公路桥梁都炸坏了。我们后勤的汽车，都难过，所有供给都供不上。在半途中基本上没得吃的了，就吃雪吧，捧一捧雪来，把面上的刮了就吃中间的，就捧点雪一边充饥一边解渴。

黄草岭又称"德洞关"，位于长白山脉南麓的长津湖地区，是朝鲜东北部的军事要冲，敌我在东线战场的必争之地。当时敌人企图攻占黄草岭地区，与西线美军形成钳形攻势。而第九兵团就是要克服一切困难，坚决完成阻击美军陆战一师的战斗任务。

周全弟口述：

我们是阻击战，防止敌人跑掉。趴在黄草岭那三天三夜，第四天才发起进攻。我们在山坡上，敌人在底下，就让我们趴着，眼睛都不能眨，闭一下都不行，如果闭一下眼睛，就是瞌睡了，眼睛睁不开了。这边一个同志，另外一个战友就推你一下，喊你一下，别睡觉，就这样，不许动。无论是班长或者是小组长随时随地报告情况，报告一个一个地传过去，传到连里指挥部，敌人有啥子活动没有，有啥子跑掉的迹象没有，都要报告，一刻钟报告一次。

此时的长津湖畔气温极寒、白雪皑皑，周全弟和战友们保持着整齐的战斗队形和战斗姿态，趴在寒风冰雪中隐蔽待敌。

周全弟口述：

第一天不觉得，第二天第三天冷的，温度在零下40度以下那么个程度，当时第三天基本上有时候就麻木了，四肢都麻木了，真不晓得知觉了。解个手的话都转不过身起来，就那么沉重了，就只好晓得屙在裤裆里头。

第四天，冲锋的军号声骤然响起。看着战友们从雪中一跃而起地向前冲锋，周全弟却发觉自己不能动了。

周全弟口述：

爬也爬不动，脚和手全部是麻木的了，冻僵了。你用针扎也好，钳子烙也好，不知道知觉，没啥子敏感反应。还保证枪立着嘛，枪口对外保持立着嘛，那个时候冷得枪都不能拿了。那个时候只能说四肢有点变黑的现象，就是变深，不是红色了。整整趴了三天三夜，只能说第四天开始下命令了，冲锋的时候人家在冲锋，我就感到难受，甚至还眼含热泪，我想我爬不动了，没有完成任务，我一直到现在都遗憾。

然而，不能动的，不止周全弟一个。

周全弟口述：

一个连是一百六七十人，下来的话正式能用的一排多人，绝大部分都是冻伤，南方人到冷的地方确实经受不起。结束以后清查人数，我们连的领导同志找这个找那个，就是没看到我，喊名字就找不着我。

187

周全弟给《铭记》题词"梅花香自苦寒来"

后来排长就来找我，四处找我把我找着了，还在原地趴着，马上就把我送到团的卫生队，积极检查。医生当时说不行，马上要送回东北，我已经是发高烧了，而且昏迷了，什么都不晓得了。

长津湖战役，创造了抗美援朝战争中全歼美军"北极熊团"一个整团的纪录，收复了三八线以北的广大地区，彻底扭转了战场态势，为夺取最终胜利奠定了基础。然而，只有16岁的周全弟的命运却改变了，他昏迷7天，双手从前臂处、双腿从大腿根部全部截除。

周全弟口述：

我醒过来不是自然醒的呀，我是在战场上，飞机把我炸醒的，做梦啊，做噩梦。在病房住了好几天，我还是不知道自己已经没腿、没手。有一天医生来检查我，来问我哪里痛，腿痛不痛啊？我说我不觉得痛，没感觉痛。结果那个护士才跟我说，你没有腿了没有手了。我这一下子，眼泪猛地就往下流。不到16岁呀，还没满16岁呀，就捂着被子哭。你喂我也好，服侍我端饭也好，不带理她的，只晓得哭。哭了几天，饭也不吃，什么也不吃，水也不喝一口。腊月三十晚上，我们家里人接到的信，一家人，哥哥姐姐，哭成一团，那顿饭基本没吃。

消沉了一段时间，周全弟逐渐走出阴霾、重新振作，开始了一个人与生活的战斗。

周全弟口述：

保尔·柯察金，这是有名的，他也是残疾的，双眼失明，他当初有一段话打动我的心，差不多是要坚强这方面的，要勇敢坚强嘛，要有毅力，战士要发扬革命光荣传统。争取伟大的胜利，要有这种精神。我要生活的时候是慢慢来的，要过三关。一关是生活自理，比如说这衣服，穿衣。第二关是学习关，要学文化。还有一关，就是战胜困难，这一关是很主要的。

对于一个失去了双手、双腿的人，生活自理，谈何容易。

周全弟口述：

特别是没有手的人，在一起就讨论我们怎么穿衣，怎么吃饭，怎么脱衣。我在那里才锻炼吃饭，那个时候没有绷带，用绳子绑起，或者是手巾绑起，这样我就把它弄起，勺把插在手巾里面以后吃饭，那确实吃饭的话一碗饭吃不到一半，撒都撒掉了。你不信试试，也不会。原来这么一吃饭，好人是拇指和手紧紧活动嘛，那个时候上不来，就那样塞进去吃饭的，慢慢锻炼吃饭的。

吃饭的难关过了，周全弟又试着从床上移动到三轮车上解决"走"的问题，每次练习，他都累得满头大汗，却一声不吭。接着还有穿衣、洗脸、煮饭、洗衣服……周全弟克服常人难以想象的困难，终于做到了生活自理。

周全弟口述：

基本上我不需要人，除了打扫卫生以外，要服务人员来打扫，其他的穿衣吃饭都不要哪一个，我到现在都是我自己。

解决生活自理问题后，周全弟又开始学写字、练书法，坚持学习。

周全弟口述：

我写字的理由是，我突然收到一个朋友写的一封信。那个信，我又不能写，我怎么回人家？找你写，你今天有空，你马上就帮我写了。再找另外一个，找你来，你说我今天有事，你耽误一下你快点写给我，哄着你写，也不好，就这样激起我学文化的动力。特别在写字当中，我们周围的同志知道我在学习文化写字，他们都在鼓励我，有给我买钢笔的，有给我买纸的，加上领导也来鼓励我，要努力，要有毅力，就那么我才写的字。

三日三夜黄草岭，冰雪长津催战骑。为国肢残谁英雄，七十载后周全弟。面对命运突如其来的打击，周全弟没有消沉，没有抱怨。他以"冰雕连"的钢铁意志，战胜困难，将命运的主动权重新掌握在自己手里，成为中国的"保尔·柯察金"。如今，年近九旬的周全弟在四川省革命伤残军人休养院安度晚年，他用自己坚强无畏的革命精神，书写了自己不平凡的人生。

赵振英 王耀珍
盛开在抗美援朝战场上的"姊妹花"

英雄档案

赵振英（右），1934年1月生于河南郑州市。1949年7月在西安报名参军，1950年11月抗美援朝出国作战，任志愿军后勤第三基地医院药房调剂员，1959年加入中国共产党。

王耀珍（左），1936年8月生于河南郑州市。1949年7月在西安报名参军，1950年11月抗美援朝出国作战，任志愿军后勤第三基地医院护士，1954年加入中国共产党。

赵振英和王耀珍是一对亲生姐妹，作为医护业务骨干双双走上抗美援朝战场，救死扶伤、无私奉献。

王耀玲（左），赵振英（右）

抗美援朝、出国作战，对于两个十几岁的女孩子来说，谈何容易。夜晚负重急行军，就是一个考验。

王耀珍口述：

每天晚上要走五六十里。背着自己的背包，在雪地里走。因为年纪小，有时候掉队。

赵振英口述：

往前开拔的战斗部队、后勤部队、马车、汽车，把那个路压得都像冰一样，那么滑，走着走着就摔跤。后来我们的护士长就说，怎么办呢？这些小同志、女同志还背着这么多的东西，要不这样吧，一个男同志，一个高个儿的男同志，背包后面拉一个绳子，你就拽着他那个绳子。

为了减轻大家的负担，护士长让女同志把行李背包放到装着医疗器械的马车上，以加快行军速度。

赵振英口述：

第二天早上我们就到了宿营地，找马车找不到了。后来说马车被飞机给炸了，背包什么的都没有了，这可怎么办，什么都没有了，衣服没有了，鞋子没有了，被子没有了。后来我们的连长，就在连里面动员，谁有多余的东西，毛巾、牙刷、牙膏这些东西。第二天好多战友，就把他们多出来的东西，拿着送过来了，比我们原来拿的东西还多了很多。我觉得那个时候的战友情真是比兄弟感情还要深。

来到平壤附近的西浦营地，姐姐赵振英被分到了志愿军后勤第三基地医院第一分院，负责伤病员的接收、分类、转院工作。妹妹王耀珍分到了第二分院，主要收治重伤员。虽然工作职责不同，条件却一样艰苦。

赵振英口述：

那个时候，不像现在有吊瓶，给你吊着打。那个时候就是很简单的，比如说这个伤员缺血、缺水，就在那个大腿上面，皮下注射，一打打一个大包。那时候条件很艰苦，没有

那么好的检查仪器。手术室的话，护士医生都很辛苦，一干就是一个通宵。

王耀珍口述：

消毒设备器械，都很短缺，护士打针就用的注射器，用完以后反复洗刷，重新煮了以后消毒。在朝鲜根本没有病房，都是破烂房子，有的有老百姓住，腾出一间来，有的就是很破的草房子。

医院刚刚安顿好，第二次、第三次战役的 1000 多名伤病员就从前线送到了一分院，医护人员开始了夜以继日的忙碌，姐妹俩也很少见面。

赵振英口述：

忙得顾不上吃饭顾不上睡觉，好多人就趴在墙上睡着了，靠着树睡着了。这是救治伤员忙活的，医生忙活手术，通宵地手术，又不敢开大灯，飞机发现亮就扫射就撂弹。医生就更辛苦，有时候上手术台一天一夜都下不来。

王耀珍口述：

我们收留的都是比较重的伤员，大腿负伤、骨盆负伤、破伤风，所以护理工作比较繁重。我那时候护理过破伤风，发作起来，全身抽搐，意识不清，护理比较困难，窗户都要挡起来，因为光线刺激抽搐，他就厉害，当时药品也比较缺。我们要给

由左至右：郭慧萍、郭淑媛、赵振英、王耀珍，1951 年在西凡沙里

他们喂饭、喂水，照顾他们，有时候还要帮助洗衣服，照顾大小便。

赵振英口述：

我们半年多也吃不到肉，不知道肉是什么味道。连队里给你配备一点儿米。大米和面，都要给伤员吃，首先要给伤病员吃。工作人员不但是粗粮，尽量还要减少。一年我们每个人要减几斤粮，给朝鲜的老百姓，老百姓也种不成地，没有吃的，就给他们支援。

虽然工作艰苦，但伤病员们积极乐观的精神状态给了姐妹俩极大的鼓舞。

赵振英口述：

在前方的军医院，一个小伙子的胳膊和腿被锯掉了，就剩这么一个身体了，没有胳膊没有腿，我就照顾他，大概照顾了有半个多月，吃喝拉撒睡，都是我管。这个小伙子对我的影响很深，教育也很大。我就跟他说："你要是转到后方，怎么生活呢？又没有腿又没有胳膊，怎么办呢？"他说："我们连长说了，我要转到后方，只要我的伤口长好了，就可以安两个假腿，安两个胳膊，我还可以照样工作。"我说："这个小伙子真是不错，受伤这么严重，一点儿都不悲观，挺乐观的。"他说："我在朝鲜还算尽了一份力吧，我好多战友都死了，我不就是丢了个胳膊丢了个腿嘛，我还可以，我还能生活。"我就觉得前方战士这么苦，还这么乐观，我们在后边累一点苦一点，算个什么呢？

朝鲜战场，天寒地冻，条件艰苦。女卫生队员们想出了克服困难坚持工作的好办法。

赵振英口述：

因为没办法洗澡，不能换衣服，冬天没洗过澡。身上生虱子，被子、褥子上的虱子都有很多。为了消灭虱子，用666粉，拿上喷雾器，穿着棉衣把666粉打到身体里面。班长是很勇敢的人，她把自己的头发全部剃光，像个男孩子一样。我们没剃光头的头发也剪得很短，小辫子舍不得剪，但是不剪不行。

1952年1月，妹妹王耀珍荣立三等功，并光荣地成为志愿军第二批归国代表团的成员。

王耀珍口述：

我觉得我是代表志愿军回去的，并不是我个人有什么特殊贡献。受到妇联邓颖超、何香凝这些领导的接见。参加了1952年的"五一"观礼。在天安门的观礼台，毛主席、周总理、朱总司令、刘少奇副主席接见我们代表团。在中南海，解秀梅给毛主席献了花。还有两个同志给刘少奇、朱总司令献花，让我给周总理献花。我说，我代表志愿军，向首长问好。

而就在这段时间，姐姐赵振英不幸被美军的细菌弹感染，染上了鼠疫病毒，经过全力救治才从死亡线上被拉了回来，连长要她回国休养，她坚定地选择留下继续工作。

赵振英口述：

我说："那我不能回国，我不能离开部队，就是死也要跟着部队。"领导说："那怎么办，那要不给你换个工作吧，你到药房去吧！"后来我就答应了，我去试试，但是去了就爱上了那个工作。

1956年、1958年，姐妹俩先后回到国内，继续在医疗卫生系统工作。如今，战争硝烟已经散去，八十多岁的姐妹俩经常拿出当年的老照片抚今追昔，那段难忘的战斗岁月依然让她们热血澎湃、豪情满怀。

王耀玲（左），赵振英（右）

周俊 余帼华
一起走过冰雪战火的革命伉俪

英雄档案

周俊，1930年12月生于江苏省泰兴县。1944年入伍，参加过抗日战争和解放战争，1950年11月抗美援朝出国作战。

余帼华，1933年8月生于江苏省常熟市，1950年在上海参军，1951年2月抗美援朝出国作战。

周俊和余帼华同在第二十军五十九师一七五团卫生队工作，在冰雪战火中救死扶伤，战后结成革命伉俪。

1950年11月11日，周俊作为第二十军五十九师后勤卫生处的医保干事，跟随部队由辑安过江，在厚厚的积雪中昼伏夜行，直向长津湖地区挺进。

周俊口述：

那时候情况很紧急的，火车就是直接从山东兖州一直开到辑安那里。我们这个火车一直过江，本来是有几个休整点来补给，不是紧急嘛，换衣服的机会都没有。直接奔长津湖的时候，这路上我们根本没下车，所以衣服都是很单薄的。我们这一路行军，都是晚上走，大雪天，所以这个高寒，再加上我们自己本身也是从江南来的。我们当时头戴的这个大盖帽，我是搞了一个毛巾捂住了，所以这个耳朵还保护住了。

最困难的时候就是有个叫亚德岭，有2000多米高，那个坡度很陡的，前面一个人爬上去，后面一个人顶着前人的屁股。那个山不光是路陡，主要的还是下雪，大雪高寒，根本看不到路，不知道摔多少跤了，所以身上的所有东西都摔坏了，摔瘪了，而且一不小心滑下去就是万丈深渊。

战斗打响，周俊和医疗队在新辟小车站，主要负责死鹰岭方向伤员的救治工作。

周俊口述：
第一批下来，我印象很深，除了下来的几个伤员之外，还有两个美国俘虏。后来一两天伤员不大多了，反而是冻伤多起来了。11月27号一直到12月2号这6天6夜，互相都在咬着不放，苦战了6天6夜。

我们下来的伤员都是从死鹰岭这里下来的，后来因为没有吃的，弹药也没有，部队冻伤严重。最后的时候我们一一七团大概有60多个人，在那个死鹰岭的高地上活下来了。

死鹰岭阵地上剩下的这60多名勇士又打退敌人8次冲锋。由于天寒地冻，战士们的腿脚深埋在雪地里，冻伤无法行动。

周俊口述：
死鹰岭上面的这60多人，整个的部队都撤走了，他们走不动，不能走，在这个雪地里面，这个下身都是雪埋了的，实际上身已经是同那个雪凝固在一起了，拔不起来。后来这一部分人是我们师部和一一七团的机关人员下阵地，一个一个地把他们背回来。

我们这个部队是没有冻伤概念的，在江南，你说哪里有冻伤，没有的，冻伤这个名字也是那个时候才听到的，很严重的。这个伤员冻了以后就是怎么样呢？撤下来的时候，也不能一下子让他上热炕。不是有这个烧火的地方吗，让他在这个地方慢慢地缓解一下，不然就更严重了。冻得最厉害的是穿那个皮鞋的，我们有穿那个解放鞋，也有穿这个翻毛皮鞋的，就穿这两种鞋。我记得一个穿翻毛皮鞋的，这个皮鞋不好搞，那个解放鞋呢，还可以把它剪下来的。那个皮鞋剪都剪不动，就算剥下来，连这个伤员的皮肤都剥了下来，很严重的。

药也很困难，我们现在就是伤员一下来都要打破伤风、抗生素什么的，也都要打打消消炎，那个时候也没有。所以假如再感染了，就很容易再第二次遭罪。

长津湖战役后，由于各师冻伤减员比较多，余帼华从第二十军的军部调到五十九师卫生队任卫生指导员。在护理过程中，战士们的勇敢和友爱精神让她深受感动。

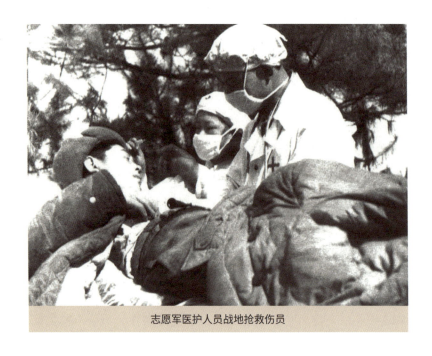
志愿军医护人员战地抢救伤员

余帼华口述：

我就是最感动看见这些战士，子弹在屁股打得那么深，要切开来取出子弹，他麻药针都不要打，你看看都这样了，他还要让给人家。下来了有的子弹在胸部，有的是打在肺里都飞出来，血水都喷出来了，赶快止血，然后把子弹再拿出来，麻药都不肯用。我说："是不是要给他用麻药呢？"他说："不要，你不要给我用，我熬得了。"他说叫我把手给他，把我的手捏住，牙齿咬紧，那个麻药要用在别人身上，比我受伤还要重的人身上。那时两个伤病员，我们当自己的亲兄弟一样的，他们都很谦让，留着给更厉害的伤病员用。你说这种共产主义理念啊，他说："别人要比我更重要，我牺牲了都无所谓。"所以我们这些战士都很勇敢，那是一不怕苦二不怕死的，都是宁可我先死，你不要死，都是这样。

余帼华和战士们一起同甘共苦，甚至把仅有的一口吃的都要留给伤病员。

余帼华口述：

我们火车运东西被炸弹炸，炸光了粮食运不到前线，所以大家都没吃的，都让，有一口都要让人家吃，真的，那个感情真不一样。我是卫生员的头头儿，那我还得先紧着人家，从来没想我自己要先吃，所以我这个胃病就这样得的。

第五次战役结束后，部队进驻元山，

危险始终伴随在他们左右。

周俊口述：

我那个时候就直接进入到一七五团的二营阵地上去，就是面对敌人的战壕里面去，去看看他们，去做做这个战壕的卫生工作。那个最厉害的其实就是打那个燃烧弹，敌人看到一两个人就扔。我们两个干事嘛，下部队回来的时候结果被发现了，敌人就扔了这个燃烧弹，一个给烧伤得很严重。

余帼华口述：

刚好准备在山沟里休息一个晚上，队长叫我们，一看不对，大家赶快准备打包，打起背包，赶快准备走。"我们饭还没吃呢，怎么走？""走走走，快，动作快！"我们刚把背包打好，马上爬小山头，爬到山头顶上，这边就全部被炸完。

周俊和余帼华在战场上共同救治伤病员结下了深厚的革命友谊，1956 年结为夫妻。70多年过去了，他们一直怀念那些牺牲在战场上的战友，也念念不忘与志愿军鱼水情深的丹东人民。

周俊口述：

我看到整个的社会，我们这个新的时代对抗美援朝战争历史的尊重，感到很欣慰。但是对于我们个人来讲，只不过是一个幸运的人而已，也没什么英雄不英雄的。我在想，真正的英雄是牺牲的烈士，要让他们活在大家心中，这才对，不能忘记他们！这是一场立国之战，不然，你看看这个 70 多年的和平从哪里来？！

余帼华口述：

过鸭绿江的时候，一回丹东看到中国人民，我们感到非常亲切，全市夹道欢迎，真的欢迎的，每家人家都进去住，真的。自己不吃，那时也很困难的，水啊，馒头啊，窝窝头啊，都拿来给我们吃。我们不能忘了丹东人民，感谢丹东人民对我们志愿军的一片真心，这种是用什么样的东西、金钱买不到的，丹东人的心，真是跟我们连在一起！